실과 뜨개

나스 사나에 지음 · 제리 옮김

뜨고 싶은 실,
소재감을 즐기는 니트

오롯한날

실은 되도록이면 실물을 보고 마음에 드는 것만을 사고 있습니다. 집에 돌아오면 라벨을 떼어 내고 필요한 정보를 작은 종이에 옮겨 적어 실 끝에 묶고 뜨개질을 시작합니다.

뜨개질하는 바늘이 부딪히는 소리만이 울리는 방 안. 소재의 감촉과 몸 안에 있는 이미지가 뒤엉켜 만들어내는 농밀한 시간으로부터 문득 고개를 들어 보면 손에는 작은 뜨개바탕이 태어나 있습니다.

뜨개바탕에 스팀을 쐬어 보기도 하고 물에 적셔 잠시 놓아두면서 그 표정을 관찰합니다. 때로는 작은 작품을 떠서 사용해 보기도 하고요. 작품에 소재의 성질을 살리기 위해서는 많은 경험을 쌓아두어야 합니다. 실과는 새로운 기분으로 겸허하게 마주하고 싶습니다. 언제나 제 자신이 실에게 시험당하고 있는 것을 느낍니다.

뜨개. 이것을 몸에 익히는 시간은 깁니다. 그 동안 실은 많은 기쁨을 전해 줍니다. 하루하루 뜨는 실의 감촉, 뜨개바탕의 질감, 입고 있는 동안 문득 눈에 들어오는 뜨개바탕의 아름다움에 새삼 놀라고 기쁨에 휩싸이기도 하는 한순간을 몇 번이고 지내 왔습니다. 아름다운 실은 사람을 행복하게 합니다. 실을 만지는 시간이 잠깐일지라도. 저는 그 감각을 믿습니다. 이 책을 통해 소재가 가져다 주는 풍부한 시간을 전달할 수 있기를 바랍니다.

차례

솔방울 베스트	4
스윙 로프 Swing rope 스웨터 · 모자	6
엉겅퀴 카디건	8
캐시미어 핑거리스 미튼	10
캐시미어 심플 미튼	11
눈 내리는 날의 캐시미어 머플러 · 핑거리스 미튼	12
밀려오는 파도 스웨터	14
키키 카디건	16
울과 알파카의 아란 카디건	18
스완 숄	20
스완 양말	21
배색무늬 티 코스터	22
삼각 백	24
클로버 모자 · 미튼	25
콧노래 베스트	26
십자가 무늬 풀오버	28
흰색 보더 스웨터	30
줄무늬 머플러	32
셰틀랜드 실이 가르쳐 준 것	23
How to knit	33

솔방울 베스트

매끈하고 은은한 광택이 있어 심플하고 뜨기 쉬운 이 실은 겉뜨기와 안뜨기만으로 구성해도 음영이 있는 뜨개바탕을 만들 수 있습니다. 저는 긴 세월 만들어온 이 실을 매우 신뢰하고 있습니다. 새로운 기법을 시험할 때, 기본에 돌아갈 때 손닿는 곳에 있는 것은 언제나 이 실입니다.
실: 퍼피·브리티시 에로이카

→p.44, 45

스윙 로프 Swing rope 스웨터 · 모자

동글한 통통함이 손가락에 느껴지는 이 실은 속에서부터 멋지게 팽팽합니다. 조각과 같은 뜨개바탕의 텍스처는 물에 젖어도 숨이 죽지 않습니다. 그러므로 아란무늬는 이 실로 뜨고 싶습니다. 어부가 일상에서 입었던 피셔맨 스웨터에는 그들의 생활의 풍경이 겹쳐 있습니다. 바닷물의 흔들림이나 거품을 실로 흉내내어 보았습니다.

실: 아브리루 · 와플

→p.43(모자), 47~50(스웨터)

엉겅퀴 카디건

전통 있는 아일랜드 도니골 트위드. 실의 질감, 섞어 놓은 네프의 색 모두가 이 땅으로부터의 것임을 느낍니다. 실이 태어난 땅을 생각하노라면 세월에 바랜 바위틈에서 작은 풀꽃이 바람에 흔들리는 자연의 풍경이 떠오릅니다.
실: 퍼피 · 소프트 도니골, 브리티시 파인

→p.58~60

캐시미어 핑거리스 미튼

동경하는 캐시미어로 장갑을 떴습니다. 손에 끼면 폭신폭신하고 부드럽고 따뜻하여 마음에 작은 기쁨의 불을 비추는 것 같습니다. 한 볼의 캐시미어가 가져다주는 기쁨을 많은 손으로 느낄 수 있으면 좋겠습니다. 손끝을 움직이기 좋은 손가락이 없는 미튼입니다. 물방울이 흘러 떨어지는 것 같은 무늬가 손의 라인을 아름답게 합니다.
실: 퍼피·포르투나

→p.46, 47

캐시미어 심플 미튼

캐시미어는 키우는 소재라고 생각합니다. 사용과 세탁을 거듭하면서 무언가 달라집니다. 어머, 폭신해졌네? 뜨개 바탕이 도톰해진 것 같은 기분이 든다……. 이 감각을 꼭 체험해 보세요. 메리야스뜨기만의 심플함이 사용하는 사람과 함께 더해 가는 세월의 흔적을 꾸밈없이 전달해 주는 것 같습니다.

실: 퍼피 · 포르투나 →p.51

눈 내리는 날의 캐시미어 머플러 · 핑거리스 미튼

겨울날, 버스를 기다리는 줄에 서 있었습니다. 눈이 내리기 시작하자 앞 사람의 차콜그레이 색 등에 포슬포슬한 눈 결정이 넘쳐 떨어졌습니다. 투명한 결정이 어두운 배경에서 하얗게 빛나는 숨막힐 듯한 아름다움을 캐시미어로 떠 보았습니다. 부드러운 기모가 무늬의 인상을 온화하게 해줄 것입니다.
실: 퍼피 · 포르투나

→ p.52, 53

밀려오는 파도 스웨터

바다 앞에 서면 수면에서 굉장한 에너지를 느낍니다. 그 강렬함을 굵은 실에 맡겨서 파도를 본뜬 스웨터를 떠 보았습니다. 꼬임이 느슨한 실은 시간에 따른 감촉의 변화도 빠르지만 앞뒤의 패턴을 같게 하여 어느쪽을 앞으로 입어도 좋도록 했습니다. 하얗고 소박한 이 실을 뜨고 있으면 이상하게도, 맛있는 식빵을 입을 크게 벌려 먹는 듯한 기분이 듭니다.
실: 아브리루·가우디

→p.54, 55

키키 카디건

이 실의 자유로운 섬유의 움직임, 모헤어의 생생함에서 어떤 여자 아이의 모습이 떠올랐습니다. 휴일 아침이면 평상시보다 느긋하게 일어나 베개에 눌린 머리 그대로 부엌에 서 있는 아이. 멍한 머리로 커피라도 끓일까라고 생각하는 그 아이가 입고 있는 옷. 그것은 가터뜨기의 빨간색 카디건! 마녀수행에 전념하는 작은 여자 아이 키키. 어른이 된 그녀에게 보내는 경쾌한 카디건입니다.
실: 퍼피·유리카 모헤어

→ p.56~58

**울과 알파카의
아란 카디건**

이 실은 알파카 특유의 촉촉함이 있는 부드러움과 함께 심지도 느껴집니다. 내추럴한 컬러의 네프가 뜨개바탕에 뉘앙스를 전달하여 촘촘한 아란무늬도 무늬가 깔끔하게 나옵니다. 실이 가늘기에 완성작은 가볍게 슥 걸칠수 있는 한 벌이 됩니다. 오래 입으면서 세월에 따른 변화도 즐겨 주십시오.
실: 하마나카 · 소노모노 트위드

→p.61~64

스완 숄

원모의 아름다움을 소중하게 여기며 만든 이 실에는 가끔 건초가 섞여 있는 경우도 있습니다. '이런 풀을 먹었습니다'라고 하는 양의 선물과도 같아서 마음이 누그러집니다. 소재 그대로의 흰색은 어딘지 생생한 느낌을 주고 실에 더한 정성스러운 작업은 품격마저 보여줍니다. 그 좋은 점을 살려 클래식한 숄을 떴습니다.

실: 외스테르예틀란드 양모방적·비슈

→p.67~69

스완 양말

아름다운 분위기를 가진 실타래. 정성스럽게 빗질된 섬유의 광택은 울이 맞나 싶어 무심코 눈을 크게 뜨고 보게 만듭니다. 비슈 실과 닮은 클래식한 분위기를 살려서 숄과 짝이 되는 되는 양말을 떴습니다. 뒤꿈치의 가터뜨기, 발끝 줄임코의 안뜨기 등 옛날 양말처럼 보이는 기법을 넣었습니다.
실: 다루마·슈퍼워시 메리노

→p.70, 71

배색무늬 티 코스터

여러가지 색으로 배색무늬를 뜨면 아무래도 실이 남습니다. 그 중에서 좋아하는 색을 조합하여 티 코스터를 만들었습니다. 셰틀랜드 실의 풍부한 색채에서 선택하는 고민을 즐기는 한 때. 차를 마시는 시간이 따뜻해지도록 매일의 풍경(사진 위로부터 반짝거림, 콧노래, 눈꽃)을 패턴으로 만들어 떠 보았습니다.
실: 제이미슨즈 스피닝(셰틀랜드)·스핀 드리프트

→p.72, 73

셰틀랜드 실이 가르쳐 준 것

학생 시절부터 실이 가진 소재감에 이끌려 거친 질감과 깊이 있는 색조합을 가진 셰틀랜드 실을 동경해 왔습니다. 어느 날의 해 질 녘, 이 실을 취급하는 곳에 방문했습니다. 시시각각 움직이는 빛의 가운데에서, 실은 조용하게 숨쉬고 있었습니다. 실은 섬유를 꼬은 것 뿐만이 아니다. 무언가 큰 것과 연결되어 있다. 숨쉬는 것도 잊을 것 같은 충격을 지금도 기억하고 있습니다.

나중에 이 실이 만들어지고 있는 잉글랜드, 셰틀랜드 제도로 여행을 갔습니다. 버터컵(미나리아재비)의 노란 꽃이 바람에 흔들리는 초여름의 하루. 가는 곳마다 양들이 풀을 뜯는 한가로운 풍경 속에 있는 어느 니트 디자이너의 아틀리에를 찾았습니다. 방에는 많은 작품이 걸려 있고 벽에는 시험뜨기가 핀으로 꽂혀 있었습니다. 그는 창문의 한편에서 "이 풍경이 제작의 영감이 되고 있어요."라고 말해 주었습니다. 파란 하늘과 초원, 흙의 색- 갈색이나 베이지, 초록색을 연결하는 여러 가지 색상은 책상 위에 늘어선 색실 그 자체였습니다. 그 때 깨달았습니다. 실은 땅으로부터 '태어나는' 것이라고.

섬의 자연이 부드럽고 탄력있는 양의 털을 기르고 사람들은 투명한 시선으로 자연의 색을 실에 비추고 있었습니다. 색실의 이름에서도 섬의 풍경이 생생하게 떠오릅니다. 이 실을 쓸 때마다 셰틀랜드에서 만난 사람들과의 추억을 만지는 것 같아 가슴이 따뜻해집니다.

삼각 백

마음에 드는 수첩 한 권, 손수건과 지갑 정도는 들어갈까? 자신과 마주하는 소중한 한때를 위해 작은 백을 만들었습니다. 같은 소재이지만 페어아일을 뜨는 실보다는 굵은 이 실. 배색뜨기 초심자라도 뜨기 쉬운 굵기입니다. 심플한 무늬에 깊이 있는 색이 독특한 분위기를 자아냅니다.
실: 다루마·셰틀랜드 울

→ p.64, 65

클로버 모자 · 미튼

이 실의 좋은 점은 완성하고 세탁한 후에 잘 알게 됩니다. 탈수하여 펼치면 방적유를 떨어낸 실이 짓는, 방금 씻은 맨살과 같은 개운한 표정은 말할 수 없이 상쾌합니다. 마른 후 현격히 부드러워진 뜨개바탕에는 어렴풋이 촉촉함마저 느껴집니다. 맨얼굴의 셰틀랜드 울의 좋은 점을 꼭 느껴 보시길 바랍니다.
실: 다루마 · 셰틀랜드 울

→p.74, 75

콧노래 베스트

페어아일 기법으로 콧노래 패턴의 베스트를 떴습니다. 2가지 색으로 배색무늬를 뜨므로 페어아일 초심자에게도 추천합니다. 지나치게 사랑스러운 무늬가 되지 않도록 시크한 색을 골랐습니다. 손끝으로 굴뚝새의 날개빛과 잎담배에서 올라오는 연기의 냄새를 느끼며……
— 색실의 이름은 굴뚝새(Wren), 잎담배(Havana) —
실: 제이미슨즈 스피닝(셰틀랜드)·스핀 드리프트

→p.78~80

십자가 무늬 폴오버

가운데 무늬가 인상적인 풀오버. 아시아의 옛 도시에서 힌트를 얻어 걸러뜨기로 무늬를 만들어 내었습니다. 이 작품처럼 폭이 60㎝ 가까이 되는 작품을 뜰 때에 신경 쓰이는 것은 무게입니다. 그 문제를 실로 해결하려 가늘고 탱탱한 이 실을 2겹으로 잡고 떠 보았습니다. 가는 실은 자잘한 무늬가 잘 안나오기 마련입니다. 그렇지만 같은 실이나 다른 소재를 함께 뜨는 것으로 뜨개바탕의 변주가 넓어지는, 매우 가능성이 있는 소재입니다.
실: 퍼피 · 브리티시 파인

→p.76-78

흰색 보더 스웨터

처음 이 실과 만났을 때 너무나 귀여워서 무심코 손바닥에 얹어 보았습니다. 데리고 돌아와 서둘러 떠 보니 실이 살짝 고개를 끄덕이며 말했습니다. "저요, 예쁘기만 한게 아니라구요" 라고. 막 떴을 때의 동글동글한 실의 표정도 세탁후의 폭신한 질감도 저마다 아름다운 뜨개바탕을 보여 주었습니다. 그리고 가볍습니다. 매끈한 실과 함께 질감의 대비가 재미있는 보더 스웨터를 완성했습니다.
실: 다루마 · LOOP, 슈퍼워시 메리노

→p.66

줄무늬 머플러

같은 실의 조합이라도 겉과 안, 뜨는 분량을 바꾸면 뜨개바탕은 또 다른 표정을 보여 줍니다. 매트하고 볼륨이 있는 질감, 잔잔한 광택과 보송보송한 감촉. 다른 소재로부터 태어난 풍부한 표정에 두근두근합니다. 목둘레는 폭신폭신 따뜻하고 양 끝은 플랫한 뜨개바탕이 경쾌한 인상을 주는 머플러입니다.

실: 다루마 · LOOP, 슈퍼워시 메리노

→p.81

How
to
knit

실에 대하여

이 책의 작품에 사용된 실입니다. 실은 모두 실물 크기입니다.
사용작품의 게재 페이지 / 실 이름 / 메이커 / 소재 / 1볼당 중량 / 1볼당 길이 (약)

* 만드는 법 페이지에 기재되어 있는 실의 분량은 게재 작품을 바탕으로 하고 있습니다. 사용량은 뜨는 사람에 따라 달라지며 게이지를 뜨는 분량은 포함되어 있지 않으므로 어느 정도 여유 분량을 준비하는 것을 추천합니다.
* 실의 색상은 작품에 따라 달라지는 경우가 있습니다.

1 p.4 / 브리티시 에로이카 / 퍼피 / 울100%(영국 양모 50%이상 사용) / 50g / 83m

2 p.6 / 와플 / 아브리루 / 울100% / 무게당 판매 (판매 단위는 홈페이지 참고) / 50g당 80m(참고)

3 p.8 / 소프트 도니골 / 퍼피 / 울100% / 40g / 75m

4 p.8, 28 / 브리티시 파인 / 퍼피 / 울100% / 25g / 116m

5 p.10, 11, 12 / 포르투나 / 퍼피 / 캐시미어100% / 25g / 106m

6 p.14 / 가우디 / 아브리루 / 울100% / 무게당 판매(판매 단위는 홈페이지 참고) / 100g당 100m(참고)

7 p.16 / 유리카 모헤어 / 퍼피 / 모헤어 86% (슈퍼키드 모헤어100% 사용) 울8% (엑스트라 파인 메리노 100%사용)나일론6% / 40g / 102m

8 p.18 / 소노모노 트위드 / 하마나카 / 울53% 알파카40% 기타(카멜 및 야크 사용) 7% / 40g / 110m

9 p.20 / 비슈 / 외스테르예틀란드 양모방적 / 울100% / 100g / 300m

10 p.21, 30, 32 / 슈퍼워시 메리노 / 다루마 / 울(엑스트라 파인 메리노·방축가공) 100% / 50g / 145m

11 p.22, 26 / 스핀 드리프트 / 제이미슨즈 스피닝 (셰틀랜드) / 울(셰틀랜드 울) 100% / 25g / 105m

12 p.24, 25 / 셰틀랜드 울 / 다루마 / 울(셰틀랜드 울) 100% / 50g / 136m

13 p.30, 32 / LOOP / 다루마 / 울 83% 알파카(베이비 알파카) 17% / 30g / 43m

뜨는 법 포인트

※ 알아보기 쉽도록 실 색을 일부 변경하여 설명합니다.

【 풀매듭(⚲), 뜨개바탕의 가장자리에서 늘리기 】

진동 둘레나 목둘레 등의 잇기, 꿰매기 시접, 고무뜨기의 양 끝을 보충하기 위해 1코를 늘리는 방법입니다. 여기서는 직선으로 된 소매연결 위치를 예로 해설합니다.

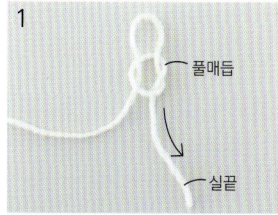

1
고리를 묶는다. 실끝 쪽을 당겨서 매듭(풀매듭)을 당겨 조인다.

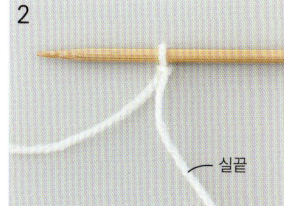

2
고리에 바늘을 끼운다.
※ '손가락으로 거는 시작코'의 첫 코도 이 방법으로 잡는다.

3
소매아래선은 쉼코. 몸판의 뜨개바탕을 계속하여 뜨면 오른쪽 끝에서 1코 늘어난다.

4
왼쪽 끝은 감아코로 만든다. 반대쪽의 소매아래선은 쉼코.

5
좌우에 1코씩 늘어났다.

6
계속 뜬 모습. 1코 늘어나 잇기 시접(또는 소매의 코를 줍기위한 코)이 생겨났다.

【 십자가 무늬 풀오버(p.28, 뜨는 법 p.76)—무늬 뜨는 법 】

1
실을 뒤쪽에 놓고 코에 바늘을 넣는다.

2
코를 오른쪽 바늘로 옮긴다. 겉면에서 걸러뜨기 1코가 떠졌다.

3
실을 앞쪽에 놓고 코에 바늘을 넣는다.

4
코를 오른쪽 바늘로 옮긴다. 안면에서 걸러뜨기 1코가 떠졌다.

【 눈 내리는 날의 캐시미어 핑거리스 미튼(p.12, 뜨는 법 p.53)—엄지손가락 구멍 만드는법, 코 줍는 법 】

1
엄지손가락 부분(8코)에 보조실을 끼워 넣는다. 바탕실은 자르지 않고 둔다.

2
떠 넣은 코를 왼쪽 바늘로 옮긴다. 계속해서 바탕실로 뜬다. 계속해서 원통으로 장갑을 끝까지 뜬다.

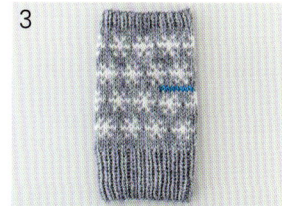

3
장갑 전체의 모습.

4
엄지손가락을 뜬다. 보조실을 풀어 내고 위쪽, 아래쪽 각각의 코에 바늘을 끼운다.

5
바탕실을 연결하여 아래쪽을 뜬다. 모서리(●)에서 건너는 실(위쪽의 끝 반코의 싱커루프)을 사진과 같이 주워 돌려뜨기로 1코 뜬다. 위쪽도 이어서 뜨면서 반대쪽의 모서리(○)도 같은 방법으로 코를 주워 돌려뜨기로 1코 뜬다. (사진에서는 알아보기 쉽도록 실의 색상을 변경하였다.)

6
1단을 뜬 모습. 엄지손가락을 원통으로 끝까지 뜬다.

【 스완 양말(p.21, 뜨는 법 p.70)—뒤꿈치 뜨는 법 】

1. 뒤꿈치[위]를 뜬다. ▲ 부분(발등 부분)은 보조실을 꿰어 쉼코로 둔다.

2. 뒤꿈치 첫 단을 왼쪽 끝까지 뜬 모습. 여기에서 평면뜨기로 떠 간다.

3. 뜨개바탕을 안면이 보이도록 뒤집어 실을 앞쪽으로 놓고 코를 오른쪽으로 옮긴다. 이어서 두 번째 단을 뜬다.

4. 뜨개바탕을 겉면으로 뒤집어 실을 뒤쪽에 놓고 코를 오른쪽 바늘로 옮긴다. 계속해서 세 번째 단을 뜬다. 3, 4를 반복한다.

5. 뒤꿈치[바닥]을 뜬다. 첫 번째 단의 줄이는 코 바로 앞까지 뜬다.
(줄이는 콧수★=9코, 추가 1코)

6. 오른코 겹쳐 2코 모아뜨기 한다. 왼쪽 바늘에 8코 남았다. 이 코는 뜨지 않고 남기고, 뜨개바탕을 뒤집는다.

7. 두 번째 단을 뜬다. 맨 처음의 걸러뜨기는 3과 같다. 첫 번째 단과 같이 줄이는 코의 앞까지 뜬다.
(줄이는 콧수☆= 9코, 추가 1코)

8. 왼코 겹쳐 2코 모아뜨기 한다. 왼쪽 바늘에 8코 남는다. 이 코는 뜨지 않고 남기고, 뜨개바탕을 겉으로 뒤집는다. 다음 단의 처음 걸러뜨기는 4와 같다.

9. 5~8을 반복하며 뜬다. 왼쪽 바늘에 남은 콧수는 뜰 때마다 1코씩 준다. 코 줄이기를 하는 것으로 뒤꿈치[위]가 꺾이며 각도가 생긴다.

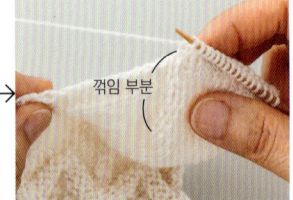

10. 뒤꿈치[위]에서 ● 부분을 주워가면서 뜬다. ●의 걸러코의 뒤쪽 루프에 바늘을 넣는다.

11. 바늘에 건 코를 돌려뜨기로 뜬다.

12. 돌려뜨기하여 1코를 만든 모습

13. 마찬가지로 돌려뜨기를 하면서 ● 부분에서 10코를 줍는다.

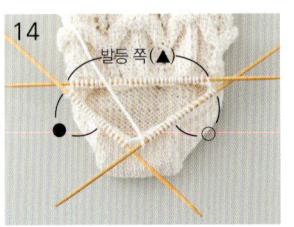
14. 1에서 보조실을 꿰어 둔 발등 부분 코에 바늘을 다시 끼워서 뜬다. ○ 부분도 10~12를 참조하여 코를 줍는다. 사진은 첫 번째 단을 뜬 모습. 여기서부터 원통으로 떠간다.

【 캐시미어 핑거리스 미튼(p.10, 뜨는 법 p.46), 캐시미어 심플 미튼(p.11, 뜨는 법 p.51)—엄지손가락 구멍 만드는 법, 코줍는 법 】

1. 엄지손가락 부분(12코)에 보조실을 통과시켜 쉼코로 둔다.

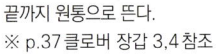
2. 계속해서 감아코로 2코 만든다. 이어서 끝까지 원통으로 뜬다.
※ p.37 클로버 장갑 3,4 참조

3. 엄지손가락을 뜬다. 보조실에 둔 쉼코에 바늘을 다시 끼우고 실을 연결하여 뜬다. 감아코 2코에서도 1코씩 뜬다.
※ p.37 클로버 장갑 3,4 참조

4. 장갑 전체의 모습. 엄지손가락은 원통으로 마지막까지 뜬다.

【 스윙 로프 스웨터·모자(p.6, 뜨는 법 p.43, 47) : 트리니티 스티치】

평면뜨기 →  평면뜨기할 때 무늬 부분은 안면에서 뜨므로 안코, 겉코가 도안과는 반대가 된다.

안쪽에서 무늬 (붉은 기호) 부분을 뜬다. 실을 앞쪽에 두고 한꺼번에 세 코에 바늘을 넣어 안뜨기 한다.

1을 뜬 모습(안뜨기로 왼코 겹쳐 3코 모아뜨기).

첫 번째 코 겉뜨기 한다. 앞의 코에는 그대로 바늘을 끼워 둔다.

두 번째 코. 같은 코에 안뜨기로 뜬다.

세 번째 코. 같은 코에 겉뜨기 한다.

앞(왼쪽)의 코를 바늘에서 뺀다(3코를 떠 넣었다).

원통뜨기

 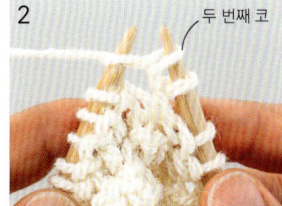 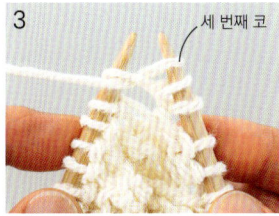 

겉면에서 무늬 (붉은 기호) 부분을 뜬다. 첫 번째 코는 안뜨기 한다. 앞 코는 그대로 바늘에 걸어 둔다.

두 번째 코. 같은 코에 겉뜨기를 뜬다.

세 번째 코. 같은 코에 안뜨기를 뜬다.

앞(왼쪽)의 코를 바늘에서 뺀다(3코를 떠 넣었다).

실을 뒤쪽에 두고 3코에 바늘을 넣어 겉뜨기를 한다.

뜬 모습 (겉뜨기로 왼코 겹쳐 3코 뜨기)

평면뜨기도 원통뜨기도 겉면에서 보면 같은 모양이 된다.

【 클로버 미튼(p.25, 뜨는 법 p.75) : 엄지손가락구멍 만드는 법, 코 줍는 법 】

엄지손가락 부분(8코)에는 보조실을 꿰어 둔다.

바탕실, 배색실의 순으로 감아코를 8코 만든다.

감아코에서 계속해서 1코 뜬 모습. 엄지손가락 구멍이 생겼다.

계속해서 원통으로 마지막까지 뜬다.

5
장갑 전체의 모습

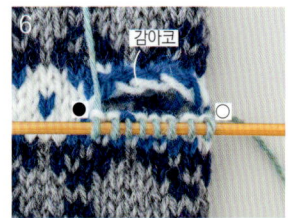
6
엄지손가락을 뜬다. 보조실을 꿰어 둔 코에 바늘을 넣고 실을 연결하여 뜬다. (사진에서는 알기 쉽도록 실의 색상을 변경하였다.)

7
모서리 (●)의 싱커루프 (감아코의 마지막 싱커루프)을 사진과 같이 주워서 돌려뜨기로 1코 뜬다.

8
감아코 부분도 이어서 8코 줍는다. 감아코의 코 가운데에 바늘을 넣어서 실을 걸쳐 주워 낸다.

9
반대쪽의 모서리 (○)도 7과 같은 방법으로 주워서 돌려뜨기로 1코 뜬다.

10
1단 뜬 모습. 엄지손가락을 원통으로 끝까지 뜬다.

【 엉겅퀴 카디건(p.8, 뜨는 법 p.58) — 실이 가로로 건너는 배색무늬 뜨기 방법 】

p.22~27의 배색무늬 작품에도 사용

1
바탕실 위에 배색실을 얹고 바탕실로 1코를 뜬다. 배색실이 뜨개바탕의 끝에 고정된다.

2
계속하여 배색무늬를 뜬다. 여기에는 바탕실을 위, 배색실을 아래로 하여 안쪽으로 실을 건너고 있다.

3
뜬 모습.
※ 안쪽에서 건넌 실의 위아래는 뜨개바탕의 중간에서 변하지 않는다.

5
계속해서 바탕실로 1코 뜬다. 사진과 같이 건너는 실이 도중에 끼워졌다.

6
배색실을 앞쪽으로 교차한다.

7
또 한 코 뜬다. 배색실이 걸려서 실이 늘어지지 않고 건너게 된다.

건너는 실이 길어지는 경우

4
배색실의 건너는 길이가 길어지는 곳은 도중에 실을 걸친다. 배색실을 앞쪽으로 교차시킨다.

8
실을 맨 끝으로 건너듯이 단의 처음에 끼워 넣는다. (여기서는 배색실을 위에 얹고 1코 뜬다.)

9
계속해서 뜬다. 도중에 배색실의 건너는 길이가 길어지는 경우에는 배색실을 뒤쪽으로 교차한다.

10
계속해서 바탕실로 1코 뜬다. 건너는 실이 도중에 끼워졌다. 계속해서 사진과 같이 배색실을 뒤쪽으로 교차한다.

11
또 한 코 뜬다. 배색실이 걸려서 실이 늘어지지 않고 건너게 된다.

【 콧노래 베스트 (p.26, 뜨는 법 p.78) 】

시작코를 원통으로 만든다.

1. 별 사슬에서 줍는 시작코를 잡는다. 시작코가 꼬이지 않는지 확인하면서 사슬코의 맨처음과 마지막을 클립으로 고정한다. (뜨면서 원통이 꼬이는 것을 방지하기 위함. 10단 정도 뜬 후 클립을 뺀다.)

스틱을 뜬다.

2. 배색무늬를 원통으로 떠 간다. 진동 둘레의 바로 앞까지 뜨고, 왼쪽 겨드랑이의 쉼코 위치에 지정된 콧수에 보조실을 꿰어 쉼코로 둔다.

3. 바탕실과 배색실로 풀매듭(p.35)을 만들어서 오른쪽 바늘에 건다.

4. 배색실로 감아코를 1코 만든다.

5. 계속해서 바탕실로 감아코를 1코 만든다.

6. 다시 한 번 번갈아가며 감아코를 만든다. 모두 6코(●)가 된다. (풀매듭의 1코 포함)

7. 계속해서 앞 몸판을 오른쪽 겨드랑이까지 뜬다. 오른쪽 겨드랑이도 같은 방법으로 쉼코로 둔다. 바탕실, 배색실의 순으로 교대로 감아코를 6코 만든다.

8. 계속해서 배색실, 바탕실의 순으로 번갈아가며 감아코를 6코 만든다(가운데는 배색실이 2코 계속된다). 합계 12코의 감아코(스틱의 시작코)가 만들어졌다.

9. 계속해서 뒤 몸판을 왼쪽 겨드랑이까지 뜬다. 같은 방법으로 바탕실, 배색실의 순으로 번갈아가며 감아코를 6코 만든다. 스틱의 시작코가 생겼다. 계속해서 원통뜨기로 떠 간다.

10. 원통으로 뜬 모습. 목둘레는 7,8을 참조하여 스틱을 뜬다.

어깨, 스틱을 잇는다.

11. 단의 가장자리에서 바늘로 좌우가 나뉘었다. 반대쪽의 진동 둘레 스틱의 중앙에서 줄바늘의 코드(줄)를 빼서 앞 몸판, 뒤 몸판으로 나눠 둔다.

12. 뜨개바탕을 겉면끼리 마주보게 접어서 앞뒤 몸판을 겹쳐(뒤 몸판을 앞쪽으로 잡는다) 코바늘로 앞뒤의 코를 1코씩 이동해 가며 바탕실로 빼뜨기 잇기 한다.

13. 빼뜨기로 1코 이은 모습

14. 같은 방법으로 뜨개바탕의 끝까지 빼뜨기로 잇기 한다. (진동 둘레 스틱, 어깨, 목둘레스틱, 어깨, 진동 둘레 스틱의 순으로 잇는다.)

안면

겉면

스틱을 자른다.

스틱 부분을 스팀다리미질하여 밑작업을 해 두면 뜨개바탕이 잘 흐트러지지 않는다.

15 앞 목둘레의 스틱을 중앙(배색이 이어져 있는 곳)에 가위를 넣어서 자른다. 뒤 목둘레도 같은 방법으로 잘라 가른다.

16 목둘레를 잘라 가른 모습.

17 진동 둘레도 같은 방법으로 잘라 가른다.

진동 둘레, 목둘레의 2코 고무단을 뜬다.

18 좌우의 진동 둘레를 잘라 가른 모습.

19 보조실을 꿰어 둔 소매아래선의 쉼코를 바늘에 끼우고 실을 연결하여 겉뜨기 한다. (사진에서는 알기 쉽도록 실의 색을 변경하였다.)

20 스틱의 첫 번째 단. 몸판과 스틱의 사이에 바늘을 넣는다.

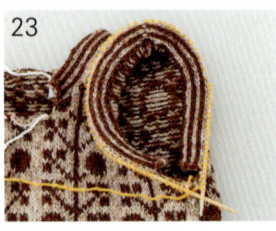

21 실을 걸어서 빼낸다.

22 같은 방법으로 바늘을 넣고, 1단에서 1코, 1코에서 1코를 줍는다.

23 진동 둘레 1단의 코를 주웠다. 2코 고무 뜨기를 지정 단수 만큼 뜨고 (두 번째 단에서 콧수를 줄인다) 2코 고무뜨기 코막음 한다. 목둘레도 같은 방법으로 뜬다.

24 진동 둘레, 목둘레의 2코 고무코를 뜨고 2코 고무뜨기 코막음을 한 모습. 안면에 스틱이 나와 있다.

스틱을 처리한다.

25 스틱은 안면에서 4코 만큼 남기고 자른다.

26 2코 만큼 안쪽으로 접어 넣는다.

27 겉면에 비치지 않도록 눈에 띄지 않는 실로 감침질한다. 목둘레도 같은 방법으로 감침질한다. (사진에서는 알기 쉽도록 실의 색을 변경하였다.)

【 줄무늬 머플러(p.32, 뜨는 법 p.81)—실이 세로로 건너는 배색무늬 뜨기 방법 】

흰색 보더 스웨터(p.30)도 이 방법을 참조하여 무늬뜨기를 한다.

1 실이 있는 쪽에서 뜨기 시작하므로 바늘은 양쪽에서 뜰 수 있는 것을 사용한다.

2 겉면에서 빨간 실로 뜬다. 이 때 흰색 뜨개바탕이 딸려오지 않도록 빨간 실은 뜨개바탕의 끝에 세로로 실을 걸어 둔다.

3 빨간 실로 4단을 떴다. 빨간 실을 쉼코로 둔다. 실이 있는 쪽에서 흰색 실로 3단을 뜬다. 빨간색 뜨개바탕이 딸려오지 않도록 흰색 실을 뜨개바탕의 끝에 세로로 걸어 둔다. 2, 3을 반복한다. 오른쪽 사진은 뜨개바탕의 안면에서 실이 걸린 모습이다.

【배색뜨기 할 때 바늘과 실 잡는 법】

여러 가지 방법이 있습니다. 처음에는 주로 쓰는 손에 실을 1가닥 걸어서 색을 바꾸며 실을 고쳐 거는 방법도 괜찮습니다. 익숙해지면 아래의 방법을 시도해 주세요.

왼손으로 실을 잡는 방법 양손으로 실을 잡는 방법

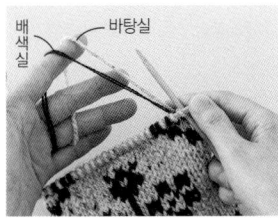
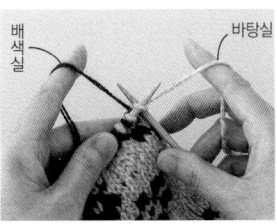

왼손의 손가락에 바탕실과 배색실을 걸고 바늘을 양손으로 잡는다.

A 오른손의 손가락에 바탕실, 왼손의 손가락에 배색실을 걸어서 잡는다.

B 배색실을 왼손에 건다. 바탕실은 오른손에 걸지 않고 위에서 잡고 떠도 좋다.

【막대바늘로 원통뜨기 할 때 바늘의 경계에 있는 코가 느슨해지지 않는 방법】

막대바늘로 원통뜨기 할 때 바늘과 바늘의 경계에 있는 코가 느슨해지는 경우가 있습니다. 그 때의 대처법입니다. 약간 번거롭지만 이렇게 하면 경계가 눈에 띄지 않게 됩니다.

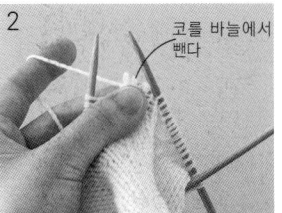
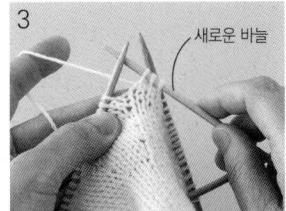

바늘에 걸린 코의 끝까지 뜬다.

마지막에 뜬 3코를 바늘에서 뺀다.

빼낸 3코를 새로운 바늘에 옮긴다. 그대로 계속해서 다음의 바늘에 걸린 코를 뜬다. 바늘이 바뀔 때마다 반복한다(뜨고서 경계를 옮기므로 코의 크기가 변하지 않는다).

【실의 소재】

· 양모(울)

양의 체모. 주 생산국은 오스트레일리아, 뉴질랜드, 중국 등. 양의 종류에 따라 또는 사육지에 따라 품종도 많다. 양모는 물방울을 튕겨 내고 수증기와 습기를 호흡하는 성질도 있다. 섬유를 덮는 비늘 모양의 스케일이 이 상반되는 성질을 겸비하게 한다. 섬유 자체는 꼬여 있고(천연꼬임) 구불구불하여 탄력이 있다. 공기를 많이 품어서 보온성도 높다.

- 메리노울

뿌리는 스페인. 현재는 오스트리아를 대표하는 품종이다. 하얗고 탄력이 있으며 부드러워 전세계 의류용 양모의 45%가 이에 속한다.

- 방축 가공 울

울은 세탁을 하면 줄어들기 쉽다. 물 속에서 스케일이 열려 서로 걸려 섬유가 엉키기 때문이다. 펠트는 이 성질을 이용한 것이다. 줄어듦을 방지하기 위해 수지 가공이나 염소 가공을 하여 줄어드는 성질을 개선한 울이다.

· 알파카

낙타과의 한 종류로 낙타보다 작다. 산지는 남미(페루, 볼리비아, 칠레, 아르헨티나)의 산악지대. 섬유는 가늘고 길다(20~40cm). 매끈하고 광택이 있으며 장력도 좋다.

· 캐시미어

인도 카슈미르 지방이 원산인 캐시미어 산양의 체모(헤어)의 아래에 나는 보송보송한 솜털. 주산국은 중국, 몽골 등. 섬유는 짧고 매우 가늘어서 부드럽다. 뛰어난 보온성이 특징이다. 한 마리에서 150~250g 밖에 채취할 수 없다. 그 중에서도 하얗고 체모가 적은 것이 최고 등급이다.

· 모헤어

튀르키예 앙카라 지방이 원산인 앙고라산양의 털(품질표시에 앙고라라고 표시된 것은 앙고라토끼의 털). 주산국은 남아프리카, 아메리카이다. 양의 연령에 따라 섬유가 굵어지고 10~30cm로 길어진다. 광택이 있고 촉감이 부드러우며 강도도 뛰어나다.

- 키드모헤어

모헤어 중에서도 생후 1년 이내의 양의 털. 섬유는 가늘고 광택, 부드러움도 뛰어나다.

【도구】

지정된 도구 외에 실 자르는 가위, 돗바늘, 줄자, 필요에 따라 콧수 / 단수 마커, 꽈배기바늘, 코바늘(빼뜨기 잇기용)을 준비해주세요. 만드는 법의 '별 사슬에서 줍는 시작코'는 사슬코를 뜨는 실과 코바늘도 필요합니다. 별 사슬 용의 실은 면사 또는 뜨개실을 사용합니다. 가지고 있는 실로 쓰는 경우 뜨개바탕에 사슬코의 섬유가 남지 않도록 기모가 적은 스트레이트 얀을 사용하고, 몸판을 뜨면 사슬을 바로 풀어서 테두리를 떠주세요. 코바늘은 뜨개용 바늘보다 2호 굵은 바늘 (사람마다 손땀이 다르므로 이에 따라 조절)을 사용합니다. 사슬산에서 코를 주울 때에 별 사슬의 길이가 짧아집니다. 뜨개바탕이 울지 않도록 느슨하게 사슬코를 만드는 것이 포인트입니다.

【게이지】

작품을 뜨는 실과 바늘로 몸판의 뜨개바탕을 사방 15~20㎝ 크기로 떠서, 스팀다리미질을 합니다. 뜨개바탕이 식으면 뜨개코가 안정되어 있는 부분(뜨개바탕의 가장자리는 피합니다)에서, 10㎝의 콧수/단수를 셉니다. 이 숫자를 게이지라고 부르고 뜨개코의 크기를 나타냅니다. 지정 게이지와 맞지 않는 경우(손땀이 아니라) 바늘의 호수를 바꿔서 조정해 주세요.

【지정 사이즈로 뜨기 위해】

작품을 뜰 때에는 게이지를 손 닿는 곳에 두고 가끔씩 뜨개코의 크기를 확인해 보세요. 또는 몸판은 15㎝정도 뜨고 나서 다시 한 번 게이지를 확인해 주세요. 뜨개바탕 폭이 변하면 게이지가 변해버리는 경우도 있습니다.

· <u>사이즈 조정과 착용감이 좋은 뜨개작품을 만들기 위해 필요한 것</u>
가장 간단한 방법은 게이지 조정입니다. 바늘의 호수를 1호(0.3㎜) 굵게(가늘게) 하면, 한 치수 큰(작은) 사이즈가 됩니다. 바늘의 호수만으로 크게(작게)한 경우 목둘레도 크게(작게) 되므로 테두리를 크게 뜨고 다시 산출하는 등의 방법으로 조정해 주세요. 길이는 겨드랑이(진동 둘레의 곡선의 시작되는 곳까지), 소매 길이는 소매 옆선의 코 늘림이 끝나고 코 늘림 / 줄임 없이 뜨는 부분의 단수를 늘리거나 줄이면 그 다음 부분의 도안을 그대로 사용할 수 있습니다. 이 때 단수는 무늬 단위로 변경합니다.
착용감이 좋은 작품을 만들기 위해 자신(입는 사람)의 사이즈를 아는 것은 매우 중요합니다. 입기 좋은 니트의 치수를 재서 그것을 기준으로 조정해 주세요. 또한 자신의 뜨개 습관을 알아두는 것도 중요합니다. 예를 들어 소매의 세로 게이지만 느슨해지는 경우에는 지정 단수로 뜨면 지정 치수보다 길게 떠지므로 그만큼 단수를 줄여 봅시다.

【도안의 계산식】

도안에 기재된 계산식은 지정된 곡선이나 사선의 코의 증감(늘림/줄임)법을 나타냅니다.
· ○―△―※ → ○단마다 △코를 ※회 늘린다/줄인다라고 읽습니다. 2코 이상의 증감코는 실이 있는 쪽에서 뜨기 때문에 반대쪽의 곡선은 1단 어긋납니다. 증감코를 나타내는 도안이 게재되어 있는 것은 맞춰서 봐 주세요.

【테두리의 코막음 방법】

각 작품에 지정된 방법이 있지만 고무뜨기 코막음은 덮어씌우기(겉코는 겉뜨기, 안코는 안뜨기하면서 덮어씌우기)로 변경해도 괜찮습니다. 그때에는 트임이 없는 목둘레(스웨터 등)는 코막음을 한 후 머리가 통과하는 지 확인해 주세요. 트임이 있는 카디건 등의 목둘레는 곡선 부분을 조금 빡빡하게 덮어 씌우면 모양새가 좋습니다. 목둘레의 코줍는 위치보다도 사이즈가 작아지기 때문입니다.

【애프터케어】

세탁법, 다림질 방법 등은 실의 라벨에 있는 취급방법 그림 표시에 따라주세요. 손뜨개실은 대부분이 집에서 세탁 가능합니다. 방법은 아래와 같습니다.

· <u>세탁에 대해</u>
35~40℃정도의 미온수에 중성세제를 풀고 작품을 접어서 담급니다. 그리고 부드럽게 눌러 빱니다. 탈수하여 다시 미온수에 넣고 세제가 남지 않도록 헹굽니다. 다시 탈수해서 응달에 말립니다. (이 책에 나오는 '물세탁'도 같은 방법입니다.) 평평한 곳에 널어 말리면 좋지만 어려운 경우에는 빨래줄에 널거나, 민소매 등은 행거에 넣어 말려도 괜찮습니다. 그 때에는 뜨개바탕이 늘어나지 않는 방법으로 널어 주세요.

· <u>보풀에 대해</u>
보풀은 실에서 나온 섬유가 뭉쳐서 둥글게 된 것입니다. 보풀이 생기면 가위 등으로 잘라내는 것이 좋습니다. 손으로 뜯어내면 섬유가 당겨져서 또 다른 보풀의 원인이 되므로 별로 추천하지 않습니다. 하지만 무심히 보풀을 제거하는 시간은 하나에 집중하며 상쾌한 기분이 드는 좋은 한 때이기도 합니다.

· <u>보관할 때에 주의할 것</u>
옷을 바꾸는 계절에는 세탁을 하고 되도록이면 밀봉 가능한 의류케이스에 정리합니다. 동물 섬유의 주성분은 단백질이라 벌레가 생기기 쉬우므로 방충제를 함께 넣습니다. 약의 성분이 고루 미치도록 케이스를 너무 꽉꽉 채우지 않도록 해 주세요.

p.6 스윙 로프 Swing rope 모자

재료 [아브리루]와플 가지색(14) 120g

도구 11호(5.4mm) 막대바늘 4개, 40cm 줄바늘,
10호(5.1mm) 40cm 줄바늘

게이지 무늬뜨기 A 18코 22단 / 8cm×10cm
무늬뜨기 B 8코 22단 / 4cm×10cm

완성 치수 머리둘레 48cm, 높이 21.5cm

뜨는 법 실은 1가닥으로 지정된 호수의 바늘을 사용합니다.

10호 바늘로 손가락으로 걸어 만드는 시작코를 104코 잡아 원통으로 만듭니다. 계속해서 2코 고무뜨기로 16단까지 뜹니다. 11호 바늘로 변경하여 무늬뜨기 A, B를 41단 뜹니다. (무늬뜨기 B 뜨는 법은 p.37 참조) 계속해서 코를 줄여가며 3단 뜹니다. 마지막 단의 12코에 실을 두 바퀴 통과시켜 조입니다.

포인트 머리둘레는 56cm 정도를 기준으로 하였고 착용감이 좋도록 작은 듯이 완성했습니다.

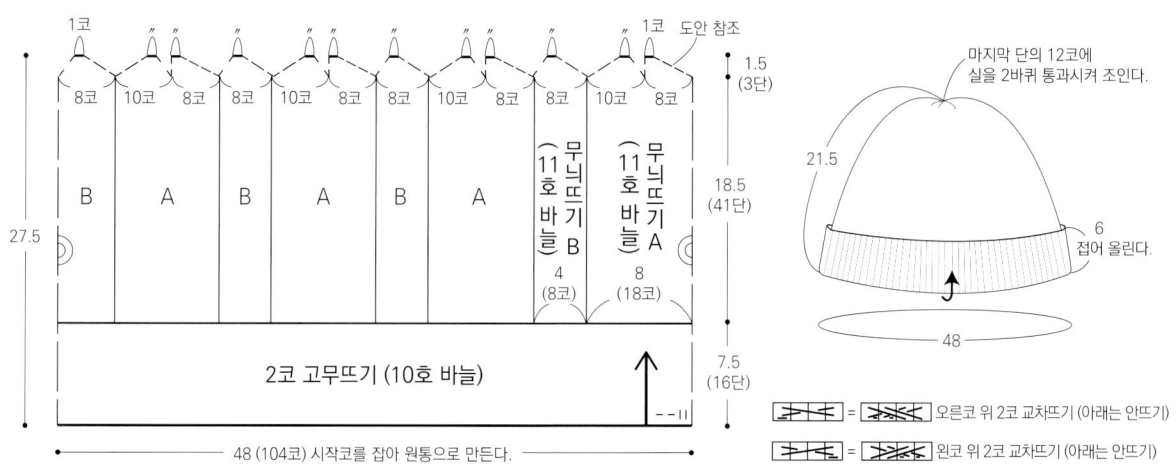

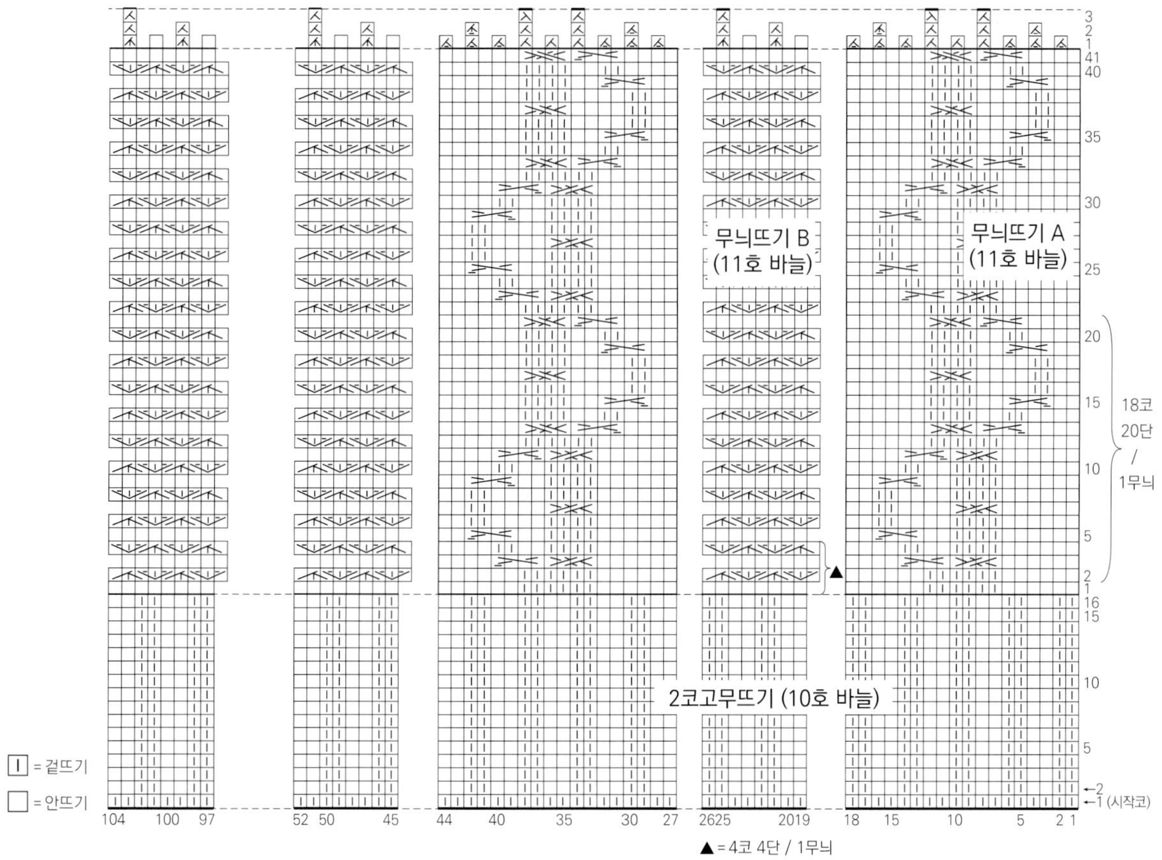

p.4 솔방울 베스트

재료 [퍼피] 브리티시 에로이카 베이지(143) 363g
도구 8호(4.5mm) 80cm 줄바늘, 7호(4.2mm) 40cm , 80cm 줄바늘
부자재 직경 1.7cm 단추 4개
게이지 무늬뜨기 17코 25단 / 10cm×10cm
완성 치수 가슴둘레 94cm, 길이 55cm, 어깨넓이 38.5cm

뜨는 법 실은 1가닥으로 지정된 호수의 바늘로 뜹니다.
· 앞뒤 몸판 뜨기
7호 바늘로 손가락으로 걸어 만드는 시작코를 160코 잡아 원통으로 만듭니다. 계속해서 1코 고무뜨기를 15단까지 뜹니다. 8호 바늘로 변경하여 무늬뜨기를 60단 뜹니다.
진동 둘레, 앞트임 부분은 보조실을 꿰어 쉼코로 두고 왼쪽 앞 몸판, 오른쪽 앞 몸판, 뒤 몸판으로 나누어 각각 평면뜨기로 진동 둘레, 목둘레의 코를 줄여가며 52단 뜹니다. 어깨는 쉼코로 둡니다.
· 어깨선 잇기, 진동 둘레, 목둘레, 앞여밈단 뜨기
어깨선은 빼뜨기로 잇고, 진동 둘레에서 코를 주워 7호 바늘로 원통으로 1코 고무뜨기를 8단 뜹니다. 1코 고무뜨기 코막음(원통뜨기)으로 마무리합니다.
목둘레에서 코를 주워 7호 바늘로 1코 고무뜨기를 평면뜨기로 8단 뜹니다. 1코 고무뜨기 코막음(평면뜨기)으로 마무리합니다.
좌우의 앞여밈단은 코를 주워(오른쪽 여밈단의 첫 번째 단 기호의 해설은 p.35를 참조) 7호 바늘로 앞여밈단을 뜨고, 덮어씌우기 코막음합니다. 왼쪽 여밈단은 단춧구멍을 뚫으며 뜹니다.
· 마무리
오른쪽 여밈단 아래쪽과 앞 트임부분을 코와 단 잇기로 잇습니다. 왼쪽 여밈단 아래쪽은 안면에서 감침질합니다. 왼쪽 여밈단에 단추를 답니다.

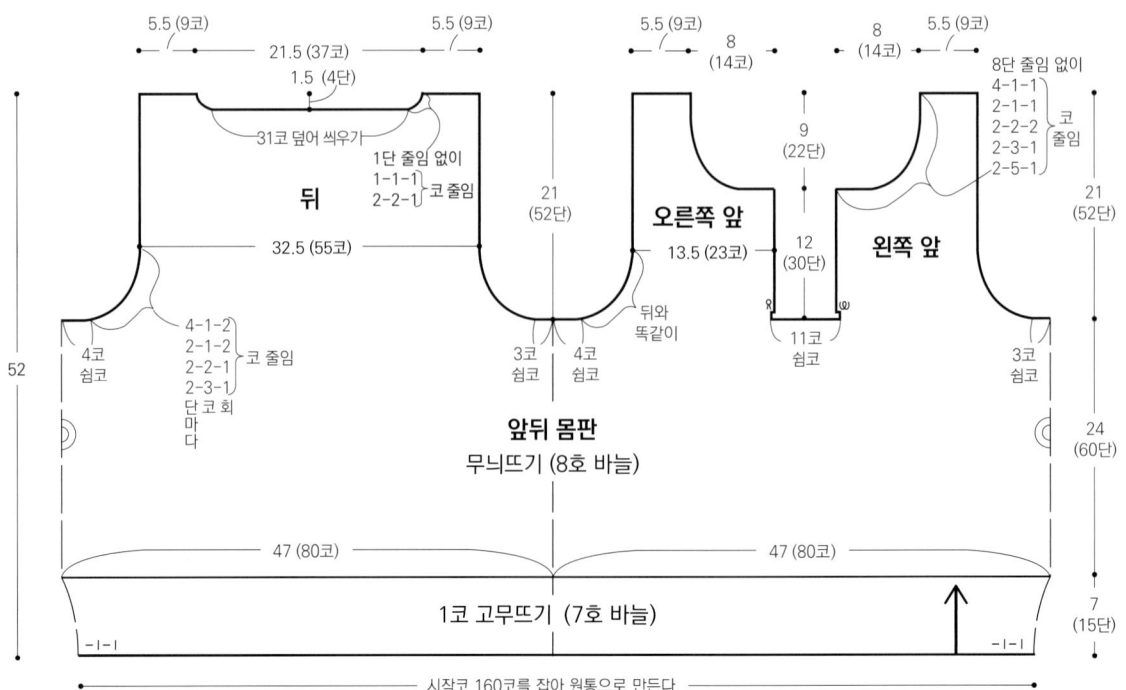

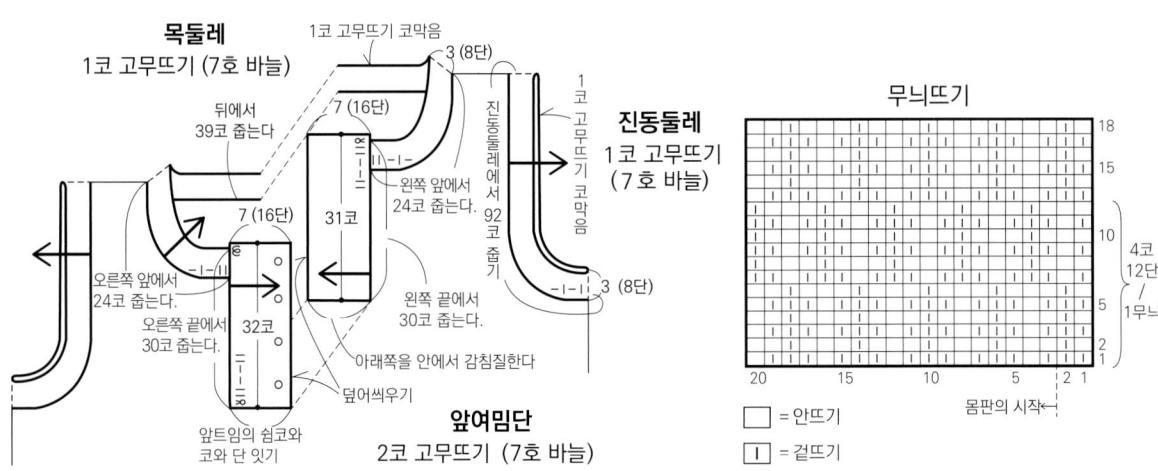

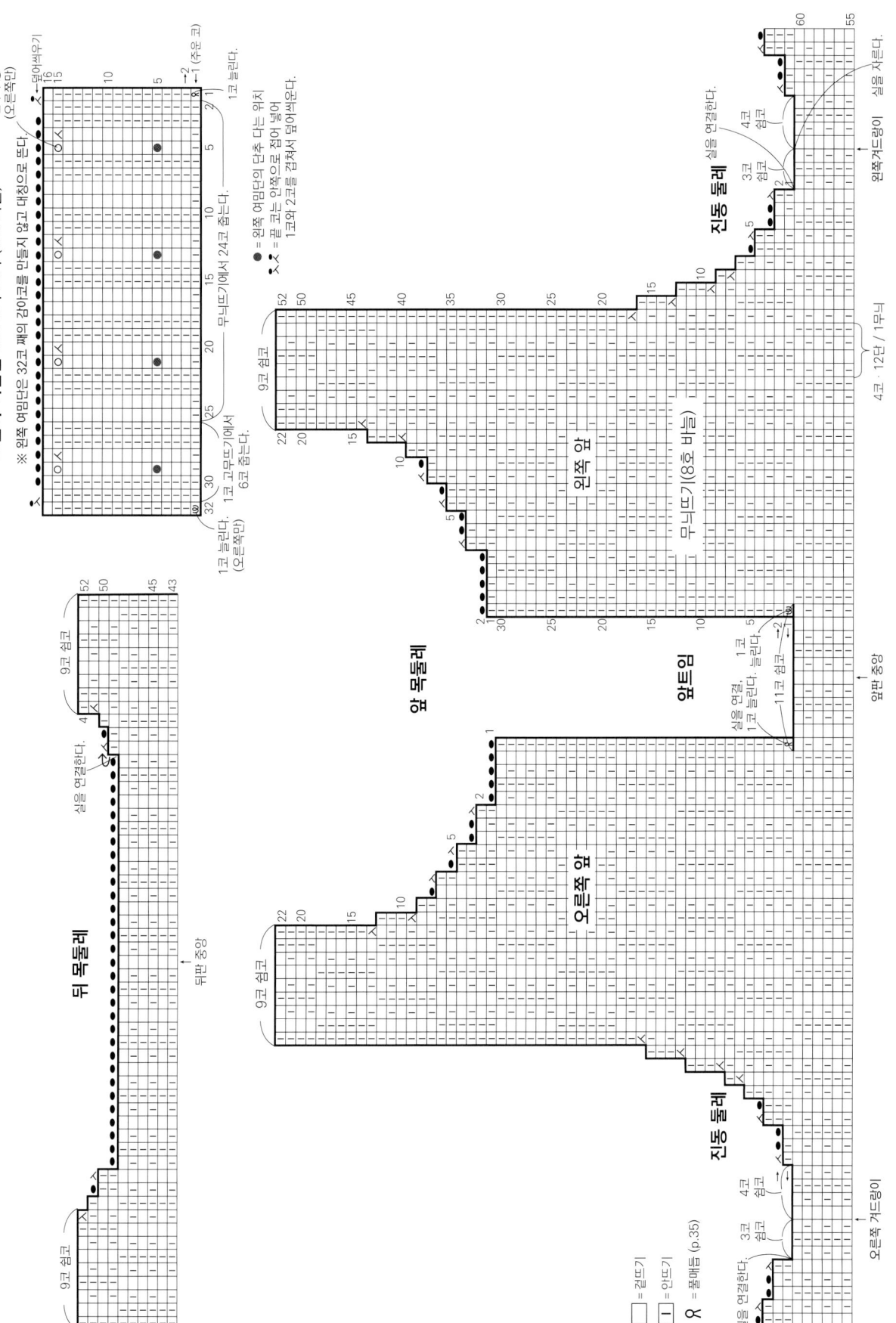

캐시미어 핑거리스 미튼

사진(p.10) 왼쪽부터 **A, B, C, D**

재료 [퍼피] 퍼피 포르투나 **A** 백색(2192), **B** 연회색(2213),
C 회색(2107), **D** 진회색(2114) 22g

도구 6호(3.9㎜) 짧은 막대바늘 5개

게이지 메리야스뜨기 22코 29.5단 / 10㎝×10㎝
무늬뜨기 7코 29.5단 / 2.5㎝×10㎝

완성 치수 손바닥둘레 16㎝, 길이 19㎝

뜨는 법 실은 1가닥으로 뜹니다.

· 오른손 뜨기

손가락으로 걸어 만드는 시작코로 시작코를 38코 잡아 원통으로 만듭니다. 계속해서 메리야스뜨기와 무늬뜨기를 합니다. 도중에 엄지두덩의 코를 늘려가며 33단까지 뜹니다. 엄지 구멍 부분에는 보조실을 꿰어 쉼코로 둡니다. 다음 단에서 감아코로 코를 잡아(p.36 참조) 23단 뜹니다. 마지막으로 덮어씌우기 코막음합니다.

· 엄지손가락 뜨기

본체의 쉼코와 감아코에서 14코를 주워 원통으로 뜹니다. 계속해서 메리야스뜨기로 12단 뜨고, 마지막으로 덮어씌우기 코막음합니다.

· 왼손 뜨기

오른손과 좌우대칭으로 뜹니다.

포인트 캐시미어 심플 미튼(p.51)과 같습니다.

엄지손가락

좌우 본체

= 겉뜨기
— = 안뜨기
= 왼손의 무늬뜨기 위치

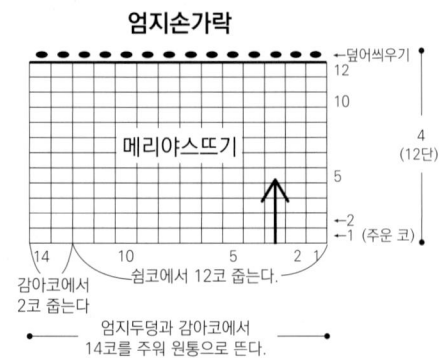

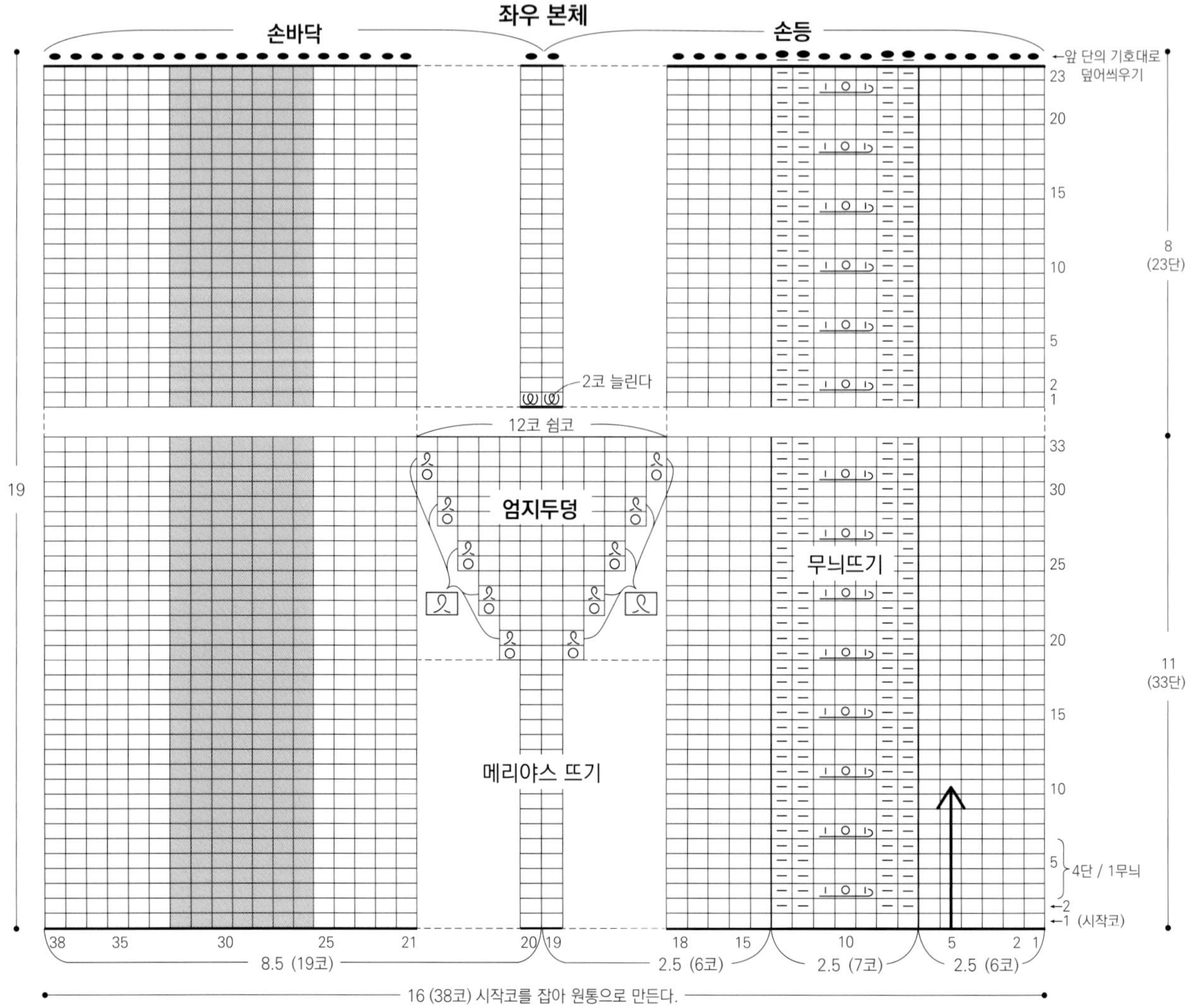

﹇○﹈ 왼코 덮어씌워 교차뜨기

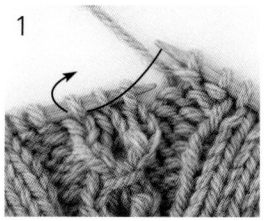

1. 세 번째 코에 오른쪽 바늘을 화살표 방향으로 실을 건다.

2. 오른쪽의 2코에 덮어 씌운다.

3. 덮어 씌운 모습.

4. 겉뜨기, 바늘비우기 순으로 뜬다.

5. 마지막으로 겉뜨기 한다. 왼코 덮어 씌워 교차뜨기가 떠졌다.

6. 왼코 덮어씌워 교차뜨기가 있는 단의 끝까지 뜬 모습.

---

p.6 스윙 로프 Swing rope 스웨터

재료 [아브리루]와플 가지색(14) 680g
도구 11호(5.4mm), 10호(5.1mm) 막대바늘 2개, 10호 40cm 줄바늘
게이지 무늬뜨기 A, A' 18코 22단 / 8cm×10cm
　　　　 무늬뜨기 B 12코 22단 / 6cm×10cm
　　　　 무늬뜨기 C 16코 22단 / 10cm×10cm
　　　　 무늬뜨기 D, D' 8 코 22단 / 3.5cm×10cm
완성 치수 가슴둘레 94cm, 길이 63cm, 화장(뒷목 중심~소맷부리) 72cm

뜨는 법 실은 1가닥으로 지정된 호수의 바늘로 뜹니다.

·앞뒤 몸판 뜨기
10호 바늘로 손가락으로 걸어 만드는 시작코하여 시작코를 86코 만듭니다. 계속해서 2코 고무뜨기로 16단까지 뜹니다. 11호 바늘로 변경하여 1단째에서 코를 늘리고, 무늬뜨기 C, A, B, A', C를 72단 뜹니다.(무늬뜨기 B의 상세한 뜨는 법은 p.37을 참조)
소매아래선은 보조실을 꿰어 쉼코로 두고 계속해서 무늬뜨기 C, A, B, A', C로 래글런선을 줄여가며 42단 뜹니다. 앞 몸판은 도중에 목둘레를 덮어 씌워 코막음하고 코줄임하며 뜹니다. 남은 코는 쉼코로 둡니다.

뒤 몸판은 덮어씌우기 코막음합니다.

·소매 뜨기
10호 바늘로 손가락으로 걸어 만드는 시작코 하여 시작코를 50코 만듭니다. 계속해서 2코 고무뜨기로 14단까지 뜹니다. 11호 바늘로 변경하여 첫 단에서 코를 늘려 무늬뜨기 C, D, B, D', C를 뜹니다. 소매옆선의 코를 늘려가며 84단 뜹니다. 소매아래선은 보조실을 꿰어 쉼코로 두고 계속해서 래글런선을 줄여가며 무늬뜨기 C, D, B, D', C를 42단 뜹니다. 마지막에는 덮어씌우기 코막음합니다

·마무리
래글런선, 겨드랑이, 소매옆선을 떠서 꿰매기로 잇고 소매아래선은 메리야스잇기 합니다. 목둘레의 코를 주워 10호 바늘로 원통으로 2코 고무뜨기를 8단 뜹니다. 2코 고무뜨기 코막음(원통뜨기)으로 마무리합니다.

포인트 화장을 짧게 하고 싶은 경우 소매옆선의 늘림코(△)를 8-1-8뜨고, 20단은 늘림 없이 뜨면서 이 부분의 단수를 조정합니다. 4의 배수(1무늬 단위)로 단수를 줄여주세요.

목둘레 2코 고무뜨기 (10호 바늘)

※왼소매부터 코줍기를 시작한다. 래글런선의 시접 1코는 안쪽으로 접어 넣고, 두 번째 코와 겹쳐서 코를 줍는다. 2코 고무뜨기 코막음을 할때에는 시작점을 1코 뒤로 한다.

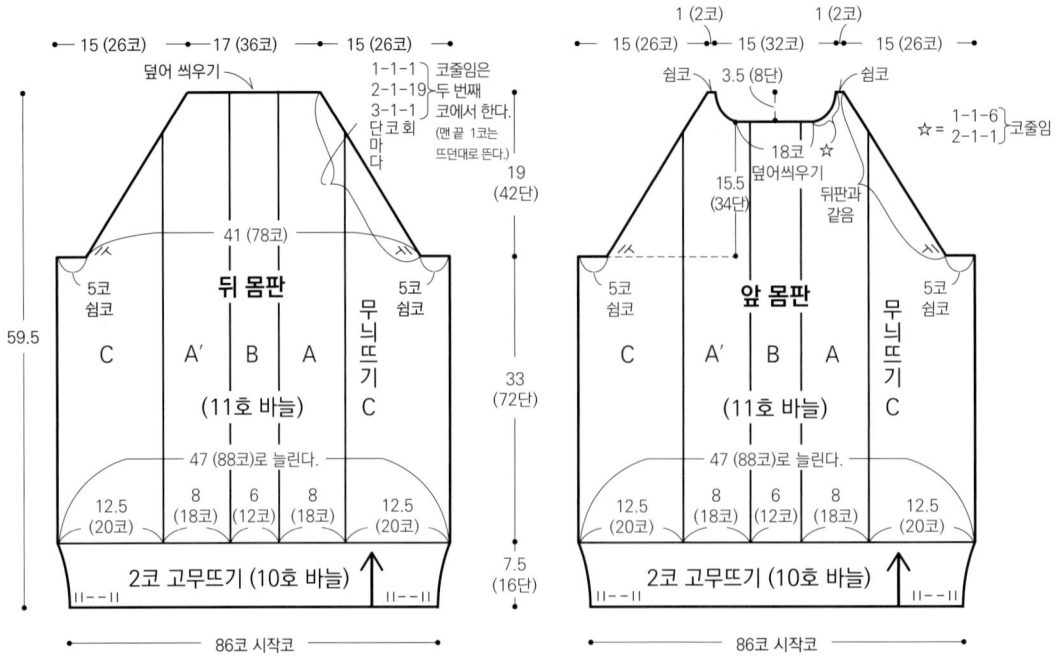

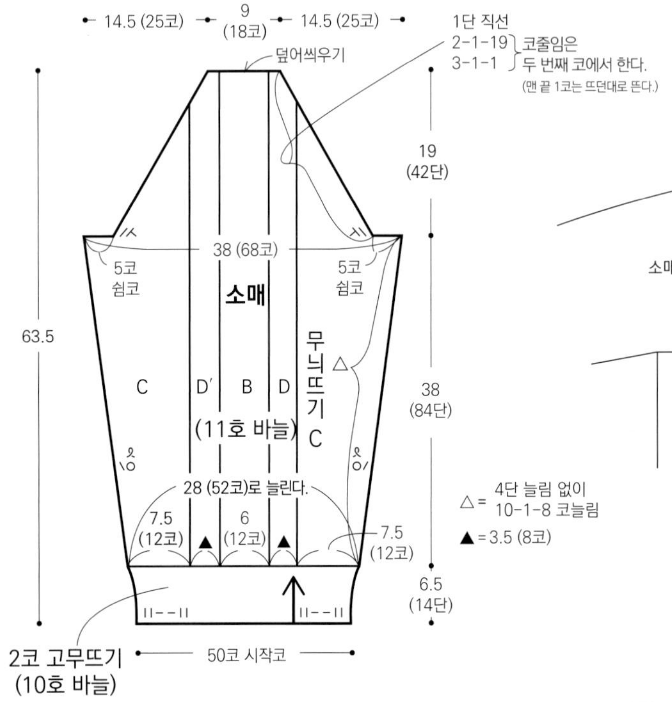

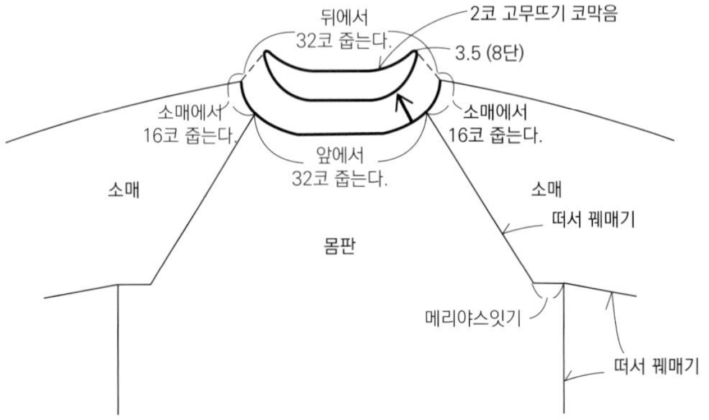

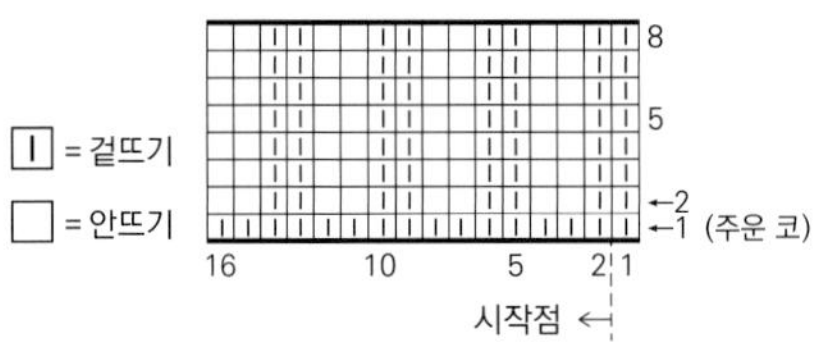

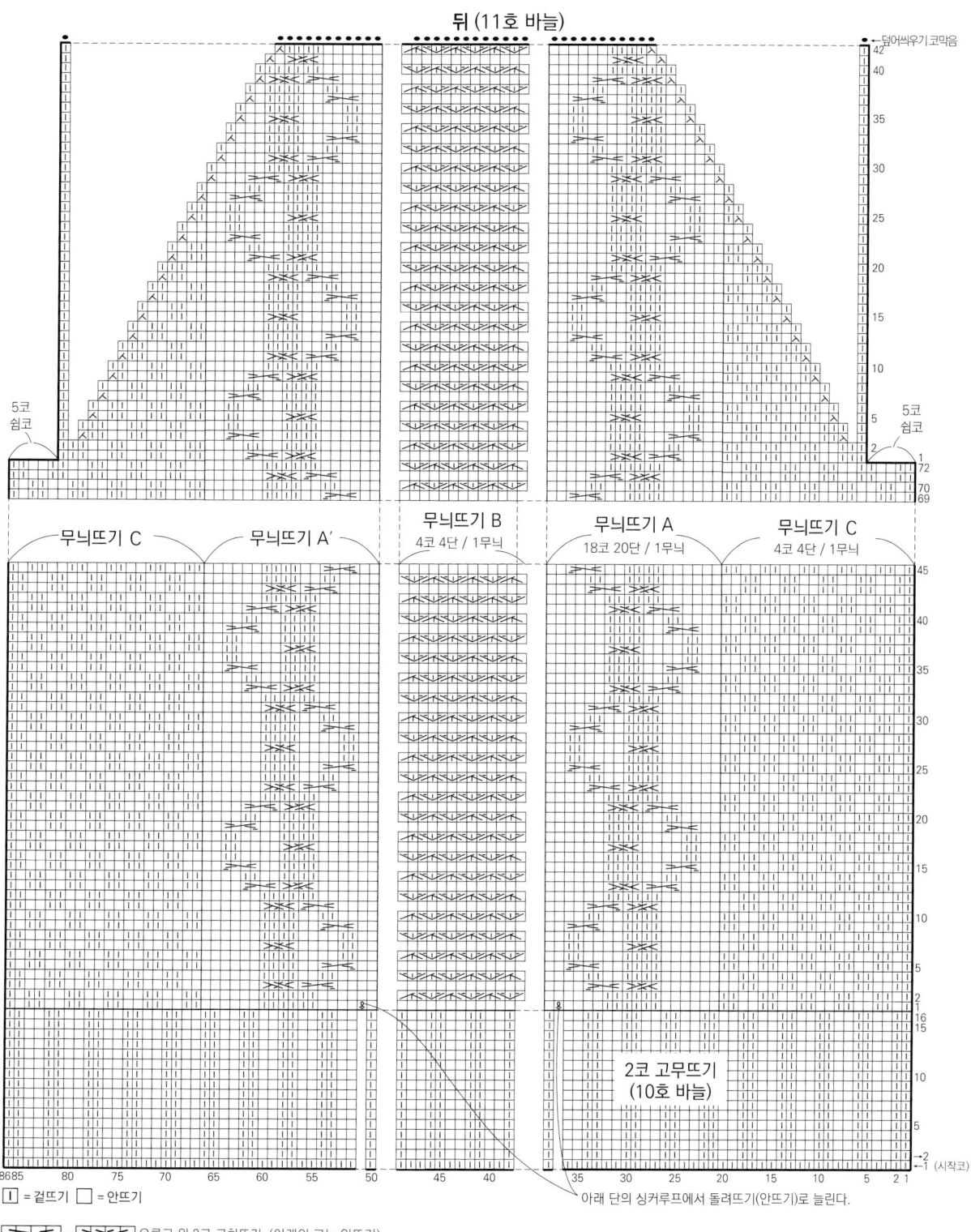

앞 목둘레

소매 (11호 바늘)

무늬뜨기 C   무늬뜨기 D′   무늬뜨기 B (4단 / 1무늬)   무늬뜨기 D (4단 / 1무늬)   무늬뜨기 C (4코 4단 / 1무늬)

2코 고무뜨기 (10호 바늘)

p.11 캐시미어 심플 미튼

재료 [퍼피] 포르투나 백색(2192) 23g
도구 6호(3.9mm) 짧은 막대바늘 5개
게이지 메리야스뜨기 22코 30단 / 10cm×10cm
완성 치수 손바닥둘레 17cm, 길이 21cm

뜨는 법 실은 1가닥으로 뜹니다.
같은 조각을 2장 뜹니다.

· 본체 뜨기
손가락으로 걸어 만드는 시작코를 38코 잡아 원통으로 만듭니다.
계속해서 메리야스뜨기를 합니다. 엄지두덩 부분은 코를 늘려가면서 27단까지 뜹니다. 엄지손가락 구멍 부분은 보조실을 꿰어 쉼코로 둡니다. 다음 단에서 감아코로 코를 만들어서(p.36 참조) 26단 뜹니다. 중간에 2코 줄입니다. 손끝은 코를 줄이면서 10단 뜹니다. 마지막 단의 6코에 실을 두 바퀴 통과시켜 조입니다.

· 엄지손가락 뜨기
본체의 쉼코와 감아코에서 14코를 주워 원통으로 만듭니다.
계속해서 메리야스뜨기를 16단까지 뜨고, 17번째 단에서 코를 줄입니다.
마지막 단의 7코에 실을 두 바퀴 통과시켜 조입니다.

포인트 1볼로 뜨기 위한 힌트(캐시미어 심플 미튼 · p.46 핑거리스 미튼 공통)
뜨기 전에 실 1볼을 반씩 나누어 두면 좋습니다.(1/2볼=한 쪽 분량) 제시된 실 양에 게이지의 분량은 포함되어 있지 않습니다. 게이지를 작게 만들고 풀어서 쓰는 등 방법을 찾아 봅시다. 또는 손 크기에 맞춰보면서 지정 단수보다는 완성 치수에 맞춰 주세요.

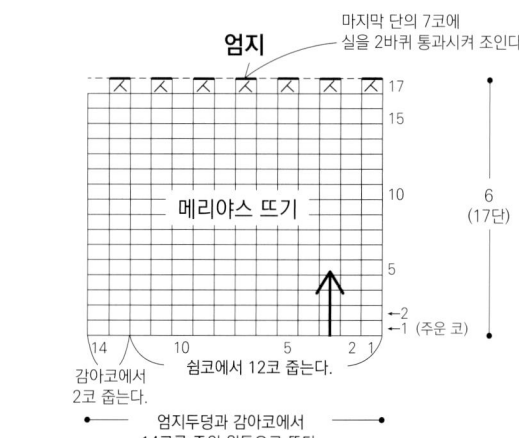

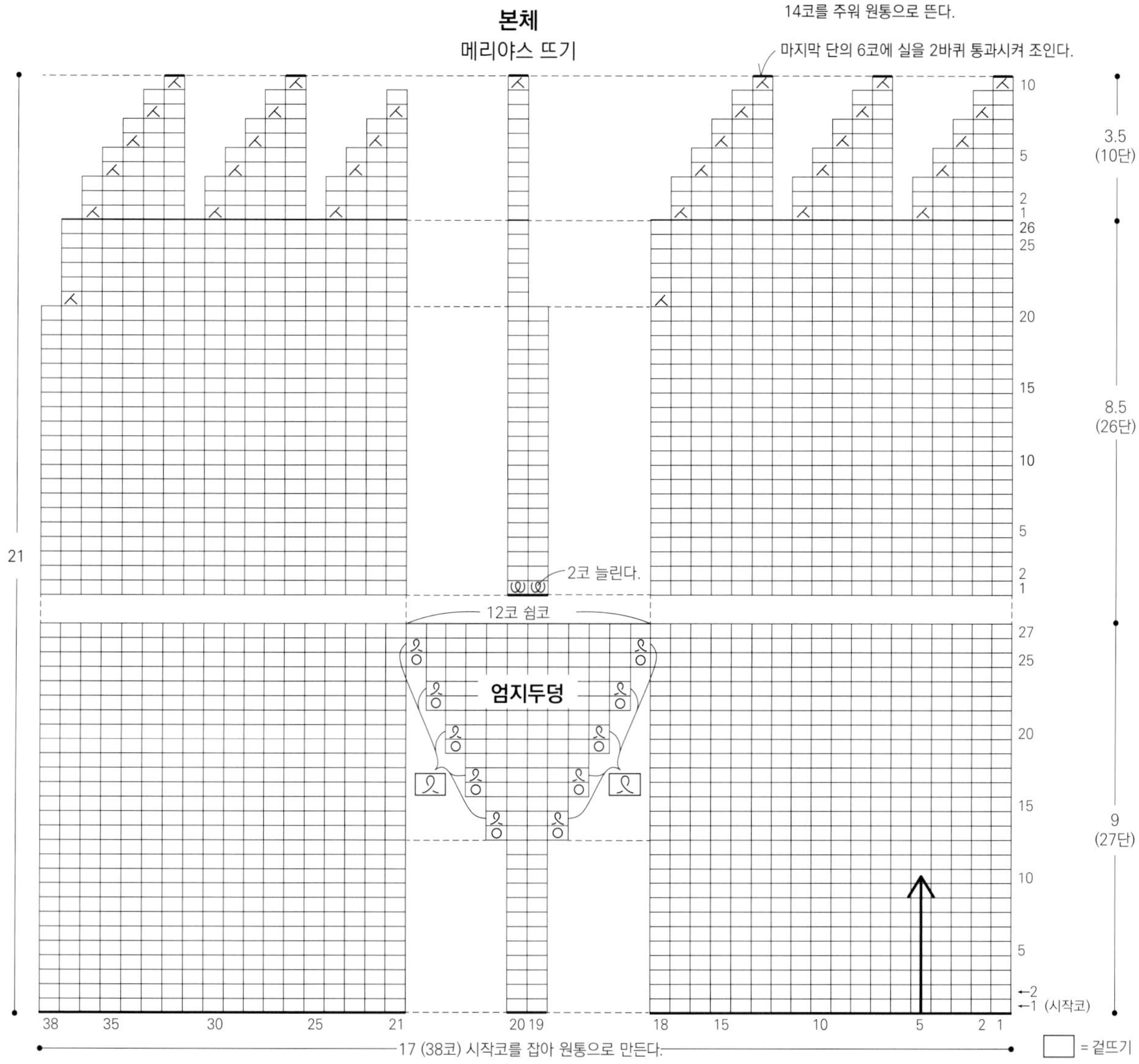

p.12 눈 내리는 날의 캐시미어 머플러

- **재료**: [퍼피] 포르투나 진회색(2114) 56g, 백색(2192) 39g
- **도구**: 4호(3.3mm), 5호(3.6mm) 짧은 막대바늘 5개
- **게이지**: 배색무늬 뜨기 28코 26단 / 10cm×10cm
- **완성 치수**: 폭 8.5cm, 길이 133cm

뜨는 법
실은 1가닥으로 지정된 배색, 지정된 호수의 바늘로 뜹니다.
4호 바늘, 진회색 실로 손가락으로 걸어 만드는 시작코를 48코 잡아 원통으로 만듭니다.
계속해서 1코 고무뜨기로 5단까지 뜹니다.
5호 바늘로 변경하여 배색무늬를 335단 뜹니다.
4호 바늘로 변경하여 1코 고무뜨기로 5단까지 뜨고, 마지막으로 덮어씌우기 코막음합니다.

포인트
배색무늬 부분의 뒤에 건너는 실이 긴 부분은 적당히 실을 걸어 넣어주세요.(p.38참조)

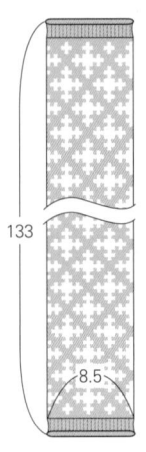

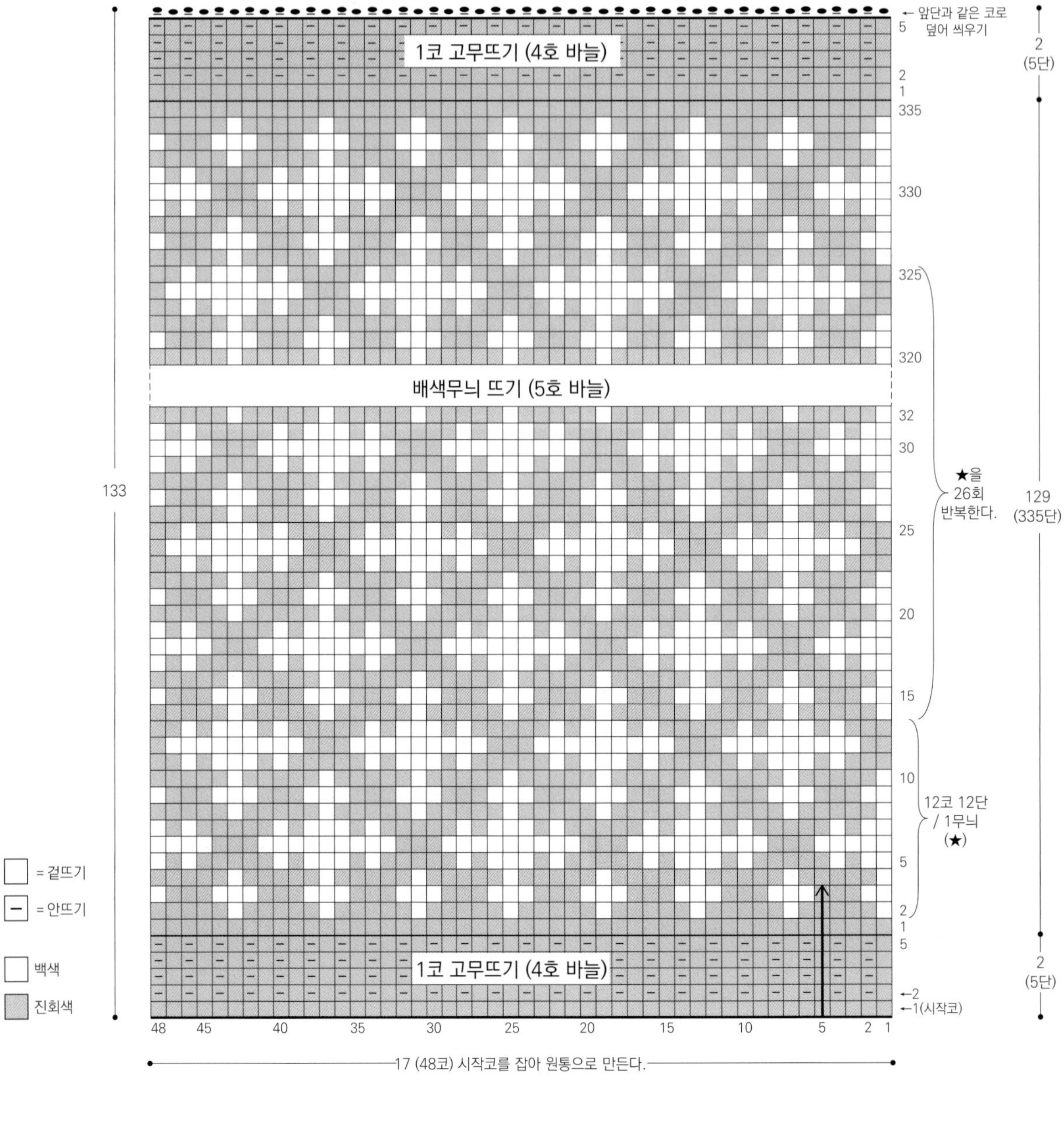

p.12 눈 내리는 날의 핑거리스 미튼

재료 [퍼피] 포르투나 진회색(2114) 23g, 백색(2192) 5g
도구 5호(3.6mm), 6호(3.9mm) 짧은 막대바늘 5개
게이지 배색무늬 뜨기 25코 30단 / 10cm×10cm
완성 치수 손바닥 둘레 19cm, 길이 16.5cm

뜨는 법 실은 1가닥으로 지정된 배색, 지정된 호수의 바늘로 뜹니다.

· 오른손 본체 뜨기
5호 바늘, 진회색 실로 손가락으로 걸어 만드는 시작코를 48코 잡아 원통으로 만듭니다. 계속해서 1코 고무뜨기로 16단까지 뜹니다. 6호 바늘로 변경하여, 배색무늬로 30단 뜹니다. 뜨는 도중, 엄지손가락 구멍에 보조실을 끼워둡니다.(p.35 참조) 5호 바늘로 변경하여 1코 고무뜨기를 4단까지 뜨고 마지막으로 덮어씌우기 코막음 합니다.

· 엄지손가락 뜨기
본체의 보조실을 풀어서 5호 바늘, 진회색 실로 17코를 주워서 원통으로 뜹니다.(p.35 참조) 계속해서 메리야스뜨기로 12단까지 뜨고 마지막으로 덮어씌우기 코막음 합니다.

· 왼손 뜨기
같은 방법으로 뜹니다. 엄지손가락의 위치가 변경되므로 주의합시다.

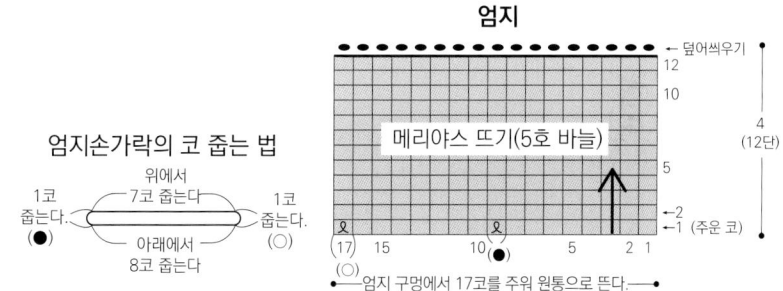

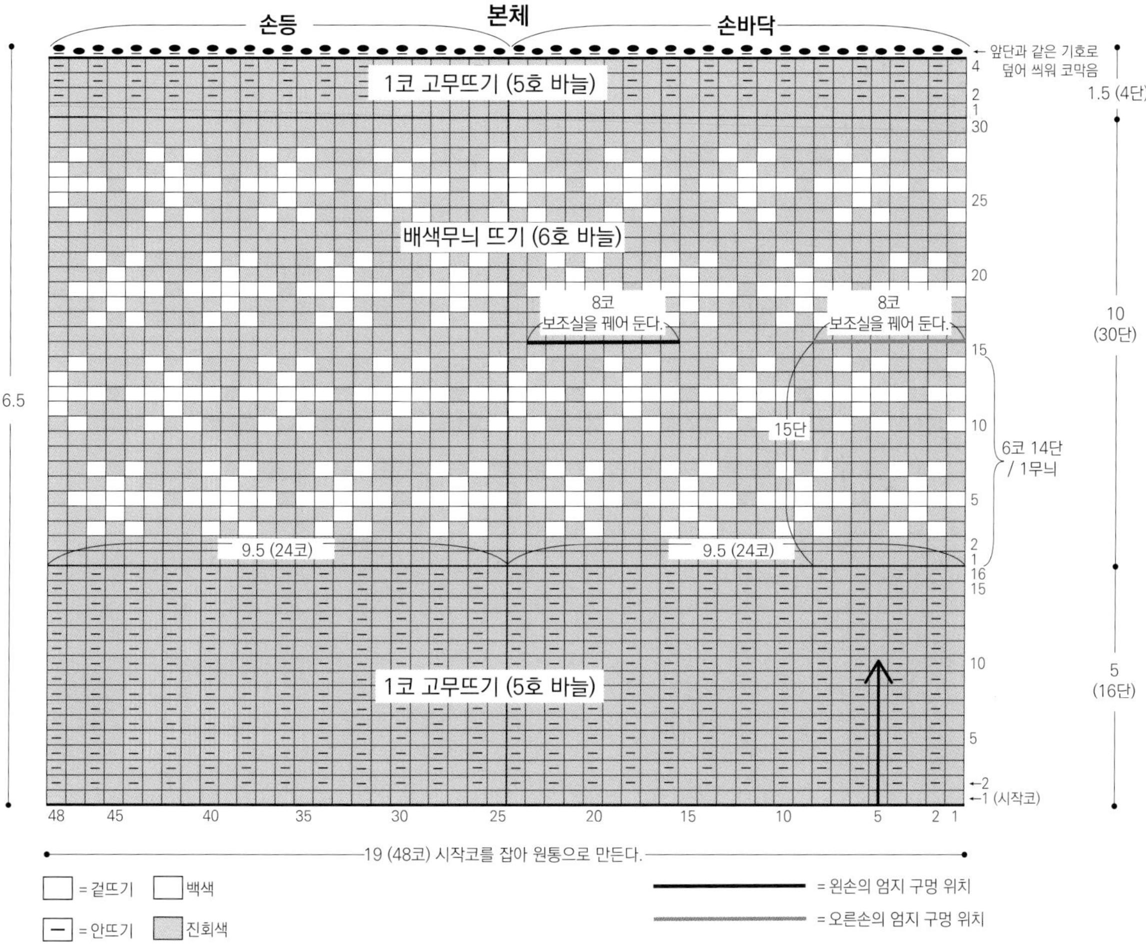

p.14 밀려오는 파도 스웨터

재료 [아브리루]가우디 화이트(00) 690g
도구 15호(6.6mm) 막대바늘 4개, 80cm 줄바늘
게이지 메리야스뜨기 13코 18단 / 10cm×10cm
무늬뜨기 13코 22단 / 10cm×10cm
완성 치수 가슴둘레 100cm, 길이 49.5cm, 소매길이 47cm(화장 67.5cm)

뜨는 법   실은 1가닥으로 뜹니다.
· 앞뒤 몸판 뜨기
별 사슬에서 줍는 시작코를 130코 잡아 원통으로 만듭니다. 계속해서 메리야스뜨기를 40단까지 합니다. 소매아래선에 보조실을 꿰어 쉼코로 두고, 앞뒤 몸판을 나눕니다. 계속해서 무늬뜨기를 36단, 가터뜨기로 6단 평면뜨기 합니다. (진동 둘레의 첫 단의 기호 해설은 p.35를 참조) 어깨선은 앞뒤 몸판을 안면끼리 마주대고 (겉면을 보면서) 빼뜨기로 잇기 합니다. 계속해서 목둘레를 덮어씌우기 코막음 합니다. 계속해서 반대쪽 어깨를 빼뜨기 잇기 합니다. 남은 목둘레도 뜨개바탕의 겉면을 보면서 덮어씌우기 코막음 합니다. 시작코의 별 사슬을 풀어서 콧수를 반으로 나누어 코를 줍습니다. 콧수를 줄여서 2코 고무뜨기로 14단 평면뜨기 합니다. 마지막에는 덮어씌우기 코막음 합니다.
· 소매 뜨기
진동 둘레에서 52코를 주워서 양끝에서 1코씩 코를 늘려 (p.35참조) 메리야스뜨기를 9단 평면뜨기 합니다. 계속해서 메리야스뜨기를 원통으로 뜹니다. 소매옆선의 코늘림을 하면서 63단 뜨고 코를 줄여 2코 고무뜨기로 12단 뜹니다. 마지막에는 덮어씌우기 코막음합니다.
· 마무리
소매아래선은 코와 단 잇기합니다. 옆 슬릿 막음은 가로로 2번 감침질합니다. 옷자락의 2코 고무뜨기의 양 끝코 부분은 자연스럽게 안으로 말립니다.

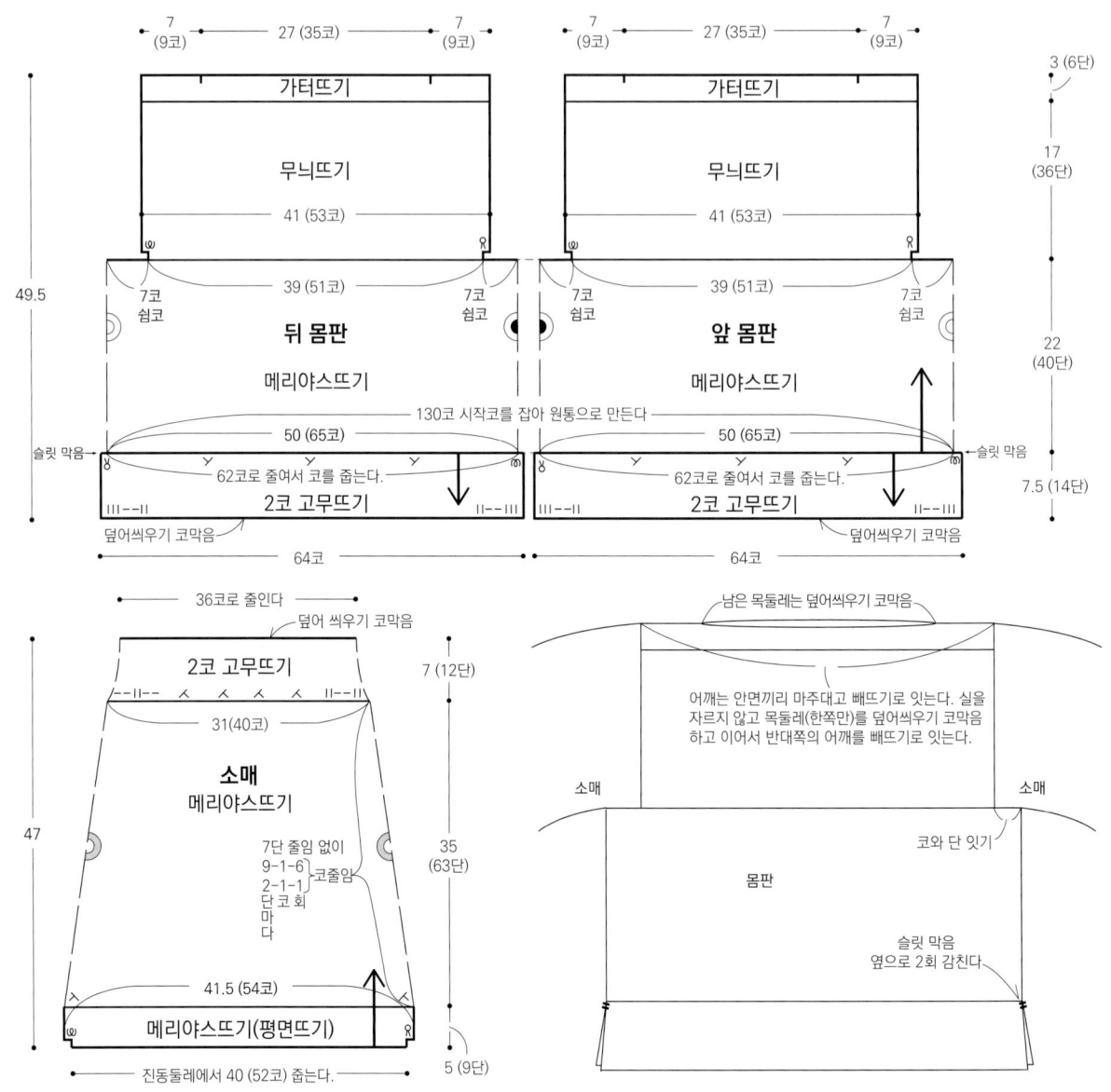

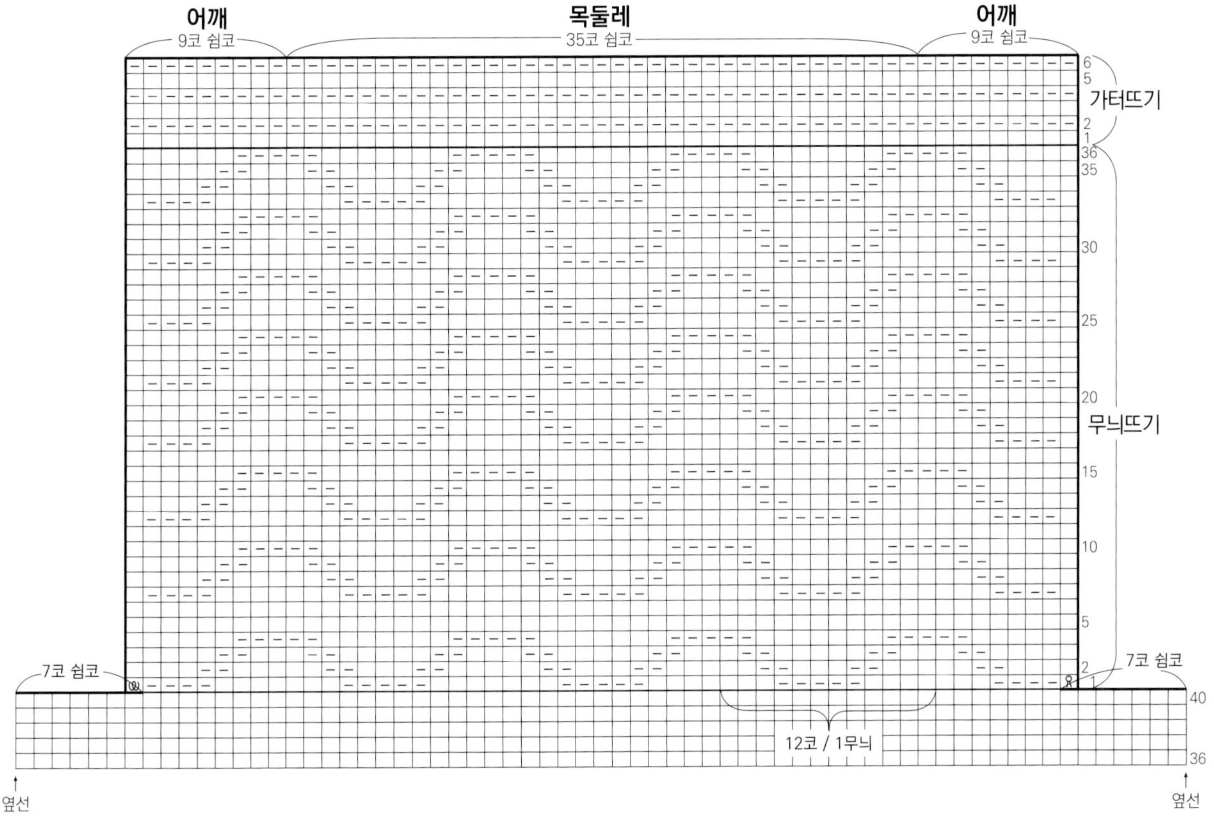

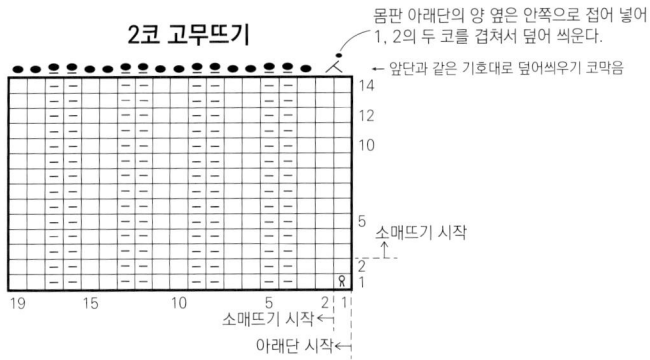

p.16 키키 카디건

재료 [퍼피] 유리카 모헤어 빨간색(307) 307g
도구 9호(4.8mm), 8호(4.5mm) 80cm 줄바늘
부자재 직경2.2cm 단추 5개
게이지 가터뜨기 15코 22.5단 / 10cm×10cm
완성 치수 가슴둘레 98cm, 길이 56.5cm, 화장 67cm

뜨는 법 실은 1가닥으로 지정된 호수의 바늘로 뜹니다. (줄바늘로 평면뜨기)

· 앞뒤 몸판 뜨기
8호 바늘로 손가락으로 걸어 만드는 시작코를 144코 잡습니다. 계속해서 2코 고무뜨기로 14단까지 뜨고 9호 바늘로 변경하여 가터뜨기로 54단 뜹니다. 앞몸판, 소매아래선은 각각 보조실을 꿰어 쉼코로 둡니다. 뒤 몸판은 앞뒤 차이 부분을 가터뜨기로 10단 뜨고 (첫 단의 기호 해설은 p.35를 참조) 보조실을 꿰어 쉼코로 둡니다.

· 소매 뜨기
8호 바늘로 손가락으로 걸어 만드는 시작코를 38코 잡습니다. 계속해서 2코 고무뜨기를 12단까지 뜨고 9호 바늘로 변경하여 가터뜨기로 소매옆선의 코를 늘려가며 76단 뜨고 보조실을 꿰어 쉼코로 둡니다.

· 요크 뜨기
앞뒤 몸판, 소매의 쉼코에서 코를 줍습니다. 9호 바늘로 가터뜨기로 요크의 코줄임을 하면서 40단까지 뜨고 마지막단에서 늘어짐 방지를 위해 덮어씌우기 코막음 합니다.

· 목둘레, 앞여밈단 뜨기
목둘레에서 코를 주워 8호 바늘로 2코 고무뜨기를 6단까지 뜨고 마지막에는 덮어씌우기 코막음합니다. 앞 몸판 가장자리에서 코를 주워 8호 바늘로 2코 고무뜨기를 6단까지 뜨고, 마지막에는 덮어씌우기 코막음합니다. 오른쪽 여밈단은 단춧구멍을 뚫으며 뜹니다.

· 마무리
소매옆선을 떠서 꿰매기로 잇습니다. 소매아래선을 메리야스잇기 하고, 뒤판의 앞뒤 차이 부분과 소매의 쉼코부분을 코와 단 잇기로 잇습니다(각각 같은 기호끼리 만나게 합니다). 왼쪽 여밈단에 단추를 답니다.

포인트 앞여밈단의 덮어씌우기 코막음은 느슨해지지 않도록 해 주세요. (늘어짐 방지 효과도 있습니다)

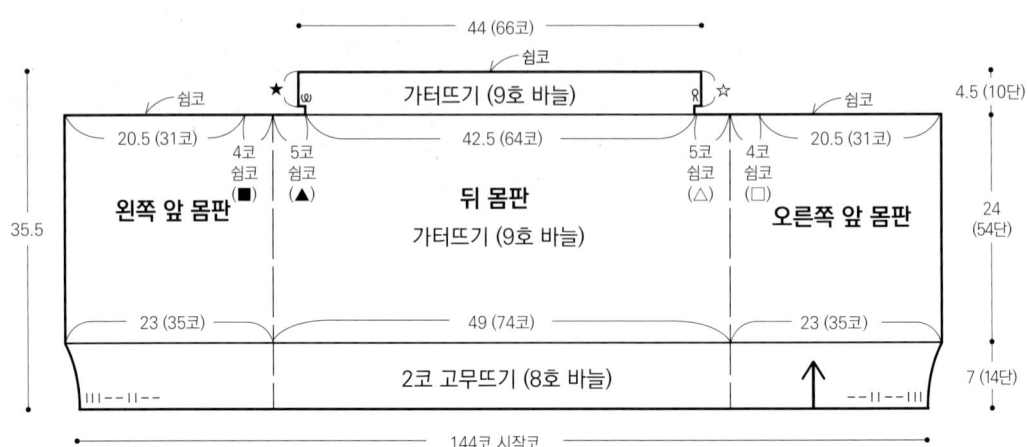

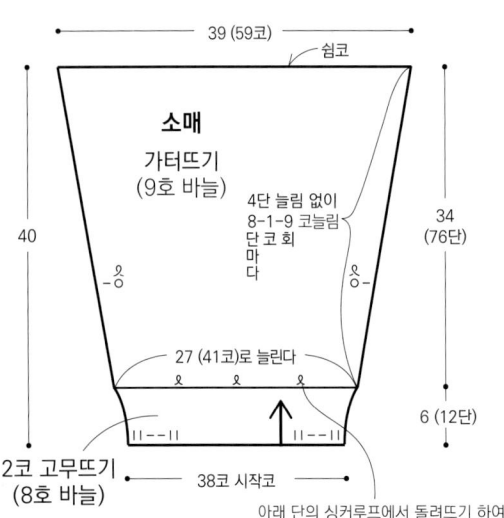

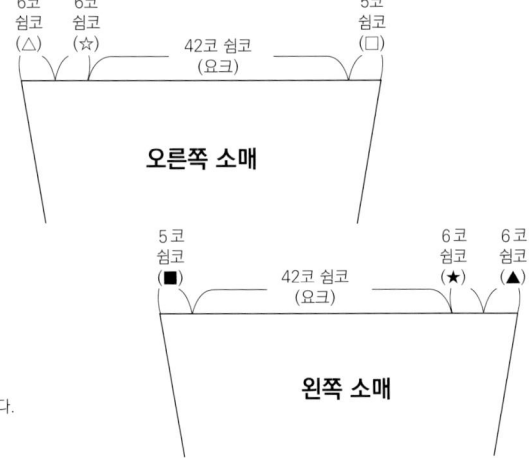

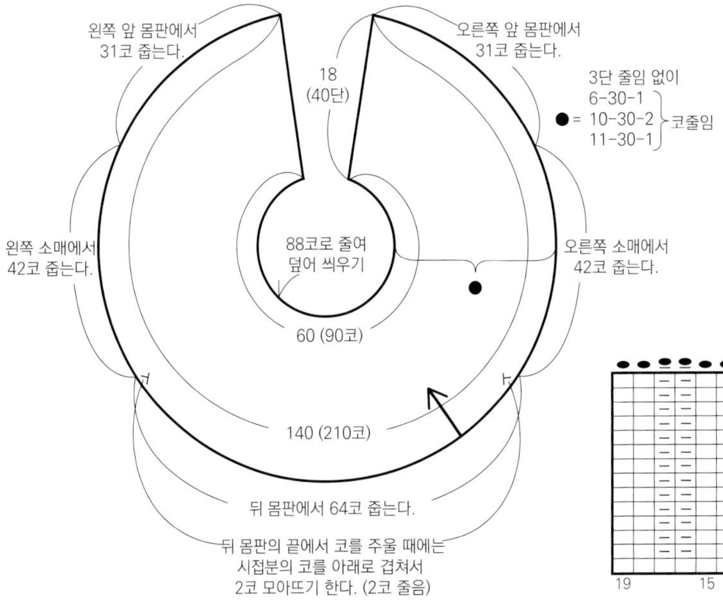

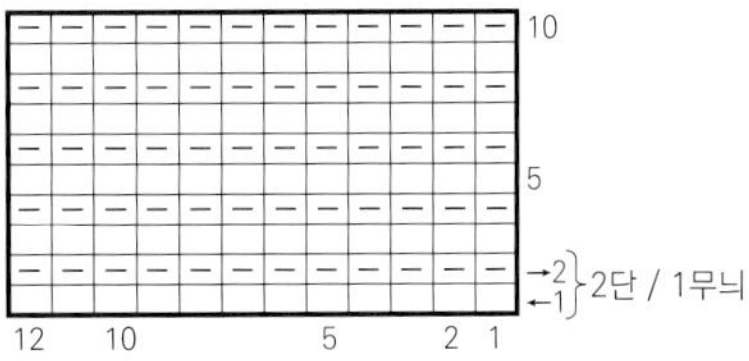

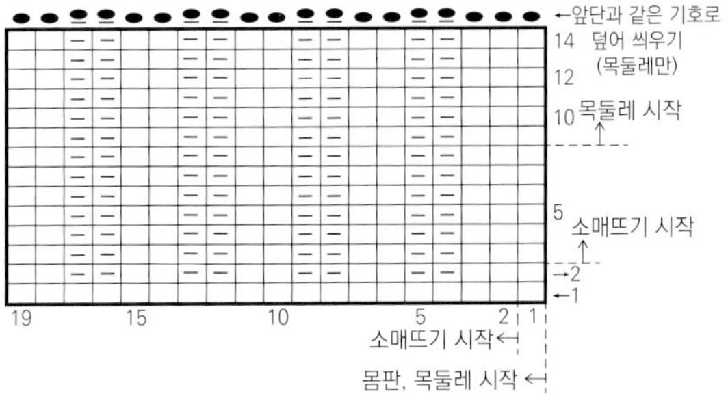

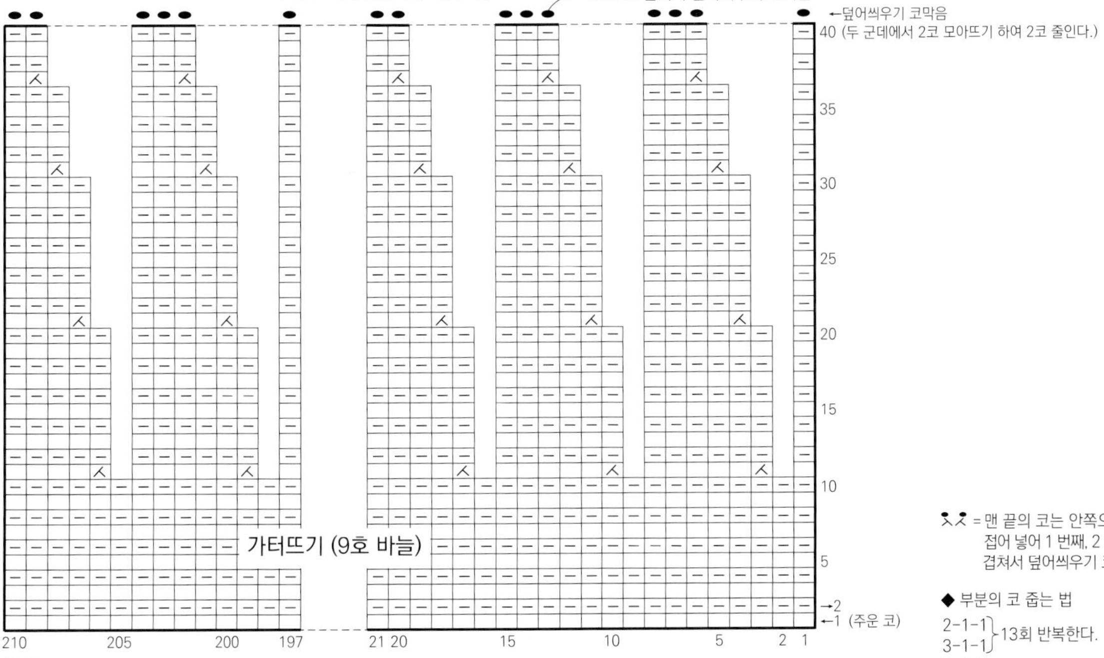

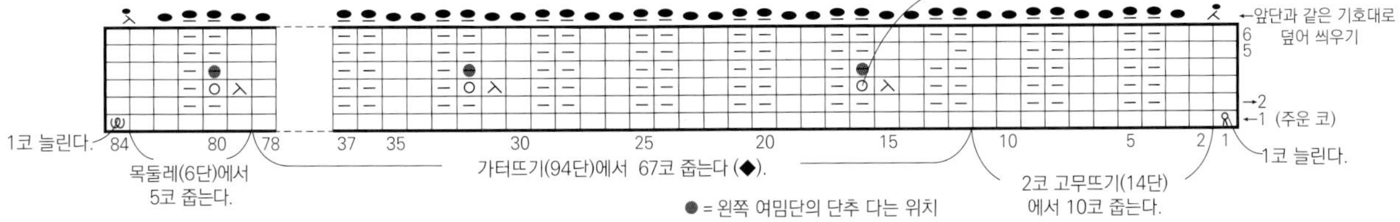

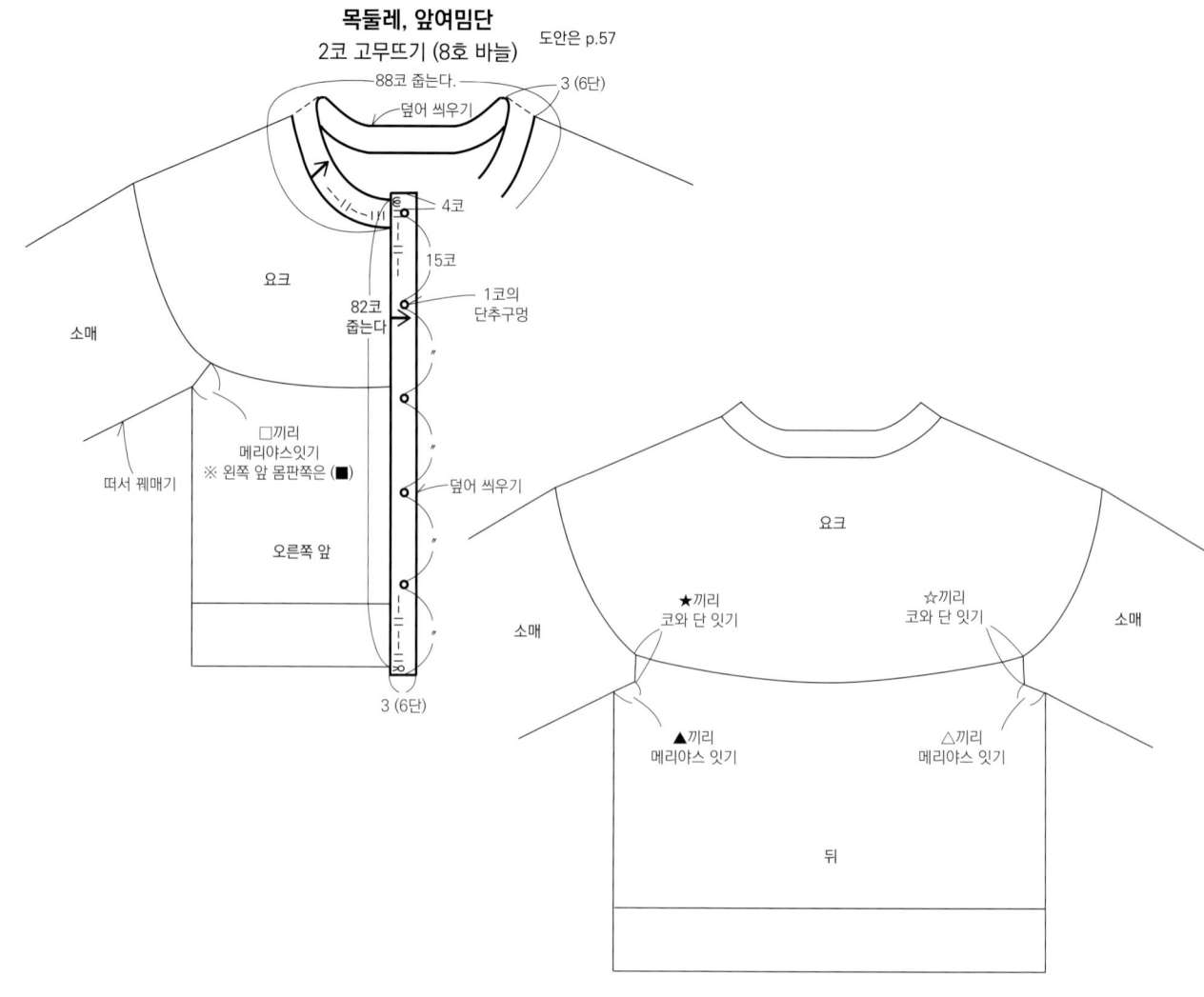

p.8 엉겅퀴 카디건

재료 [퍼피] 소프트 도니골 연회색(5229) 400g,
브리티시 파인 진녹색(034) 149g
도구 8호(4.5mm), 7호(4.2mm) 80cm 줄바늘
부자재 직경2.6cm 단추 5개
게이지 배색무늬 뜨기 18.5코 20.5단 / 10cm×10cm
완성 치수 가슴둘레 97.5cm, 길이 56.5cm, 소매길이 49cm(화장 70.5cm)

뜨는 법 소프트 도니골은 1가닥, 브리티시 파인은 2가닥을 잡고 지정된 배색, 지정된 호수의 바늘로 뜹니다. (줄바늘로 평면뜨기)

· 앞뒤 몸판 뜨기
7호 바늘로 손가락으로 걸어 만드는 시작코를 175코 잡습니다. 계속해서 1코 고무뜨기를 20단까지 합니다. 8호 바늘로 변경하여 배색무늬 뜨기를 코의 줄임, 늘림 없이 50단 뜹니다. (자세한 배색뜨기 방법은 p.38을 참조) 소매아래선은 보조실을 꿰어 쉼코로 두고 오른쪽 앞판, 왼쪽 앞판, 뒤판으로 나눠서 각각의 목둘레에서 코를 줄여가며 42단 뜹니다. (진동 둘레 첫 단의 도안 해설은 p.35를 참조)

· 소매 뜨기
7호 바늘로 손가락으로 걸어 만드는 시작코를 50코 잡습니다. 계속해서 1코 고무뜨기로 16단까지 뜹니다. 8호 바늘로 변경하여 배색뜨기 합니다. 무늬뜨기의 첫 단에서 코를 늘립니다. 소매옆선 코를 늘려가며 86단 뜹니다.

· 마무리
어깨를 빼뜨기 잇기 합니다. 목둘레의 코를 주워 7호 바늘로 1코 고무뜨기를 8단까지 뜨고 1코 고무뜨기 코막음으로 마무리합니다. 좌우의 앞 가장자리에서 코를 주워 7호 바늘로 1코 고무뜨기를 8단까지 뜨고 1코 고무뜨기 코막음으로 마무리합니다. 오른쪽 여밈단에는 단춧구멍을 만들며 뜹니다.
소매옆선을 떠서 꿰매기로 잇습니다. 몸판과 소매, 소매아래선을 코와 단 잇기로 잇습니다. 왼쪽 여밈단에 단추를 답니다.

포인트 건너는 실 간격이 긴 곳은 적당한 곳에서 실을 걸어서 감습니다. 배색무늬의 양 끝코는 1코 안쪽과 같은 색으로 뜨면 그 후의 작업(코줍기, 떠서 꿰매기 등)을 하기 편해집니다.

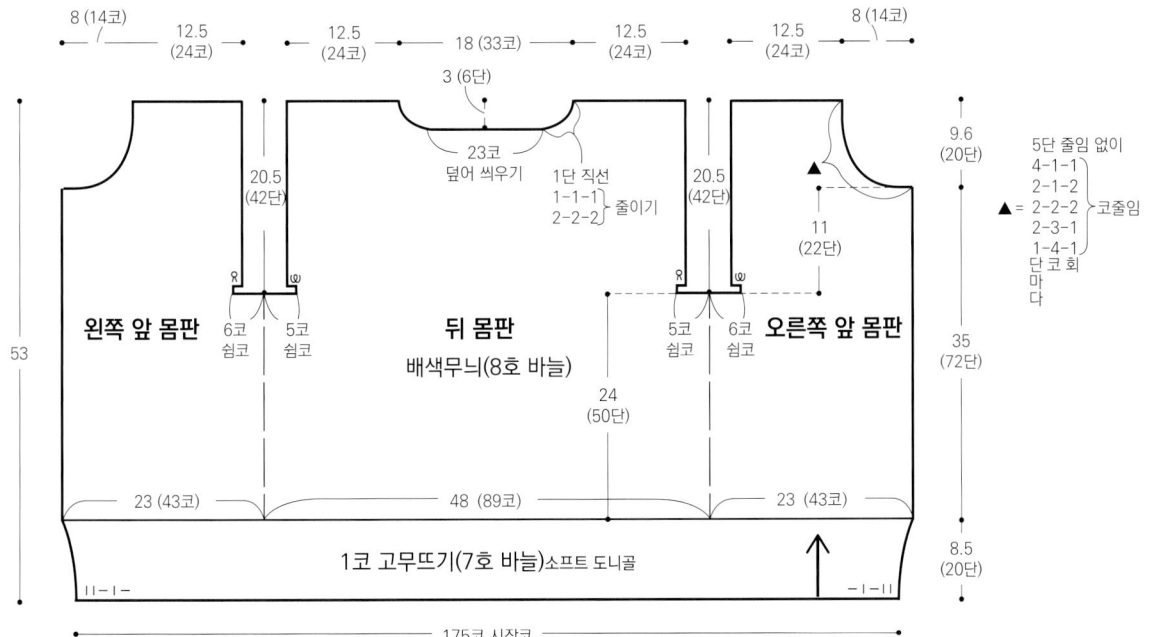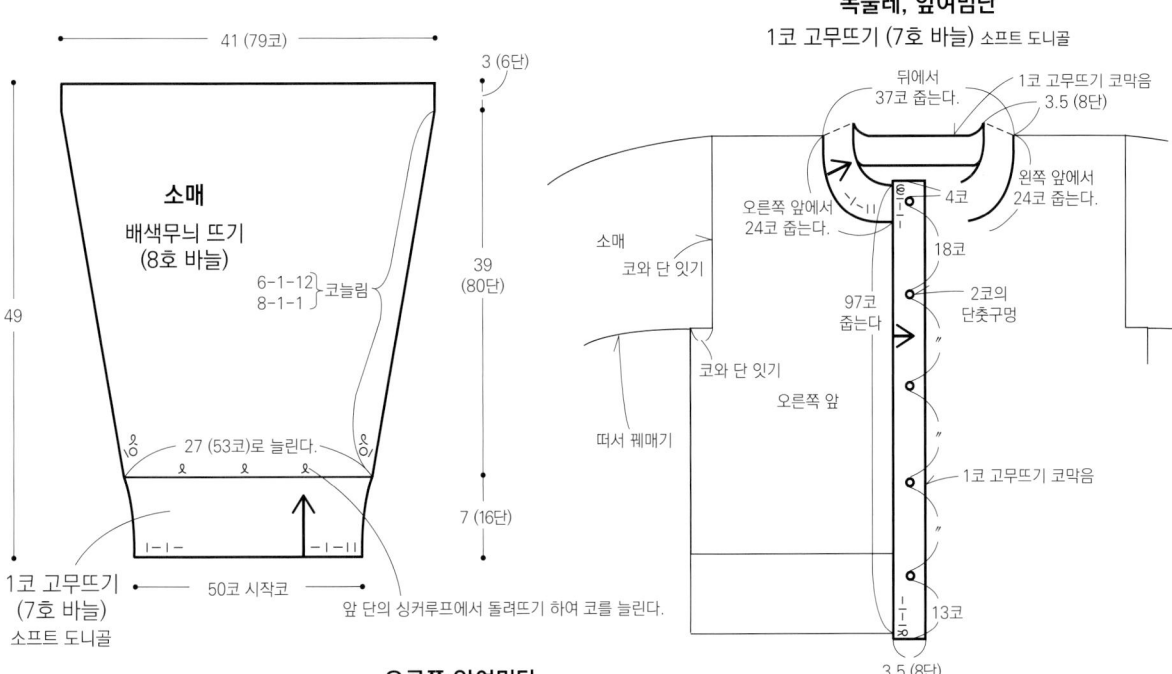

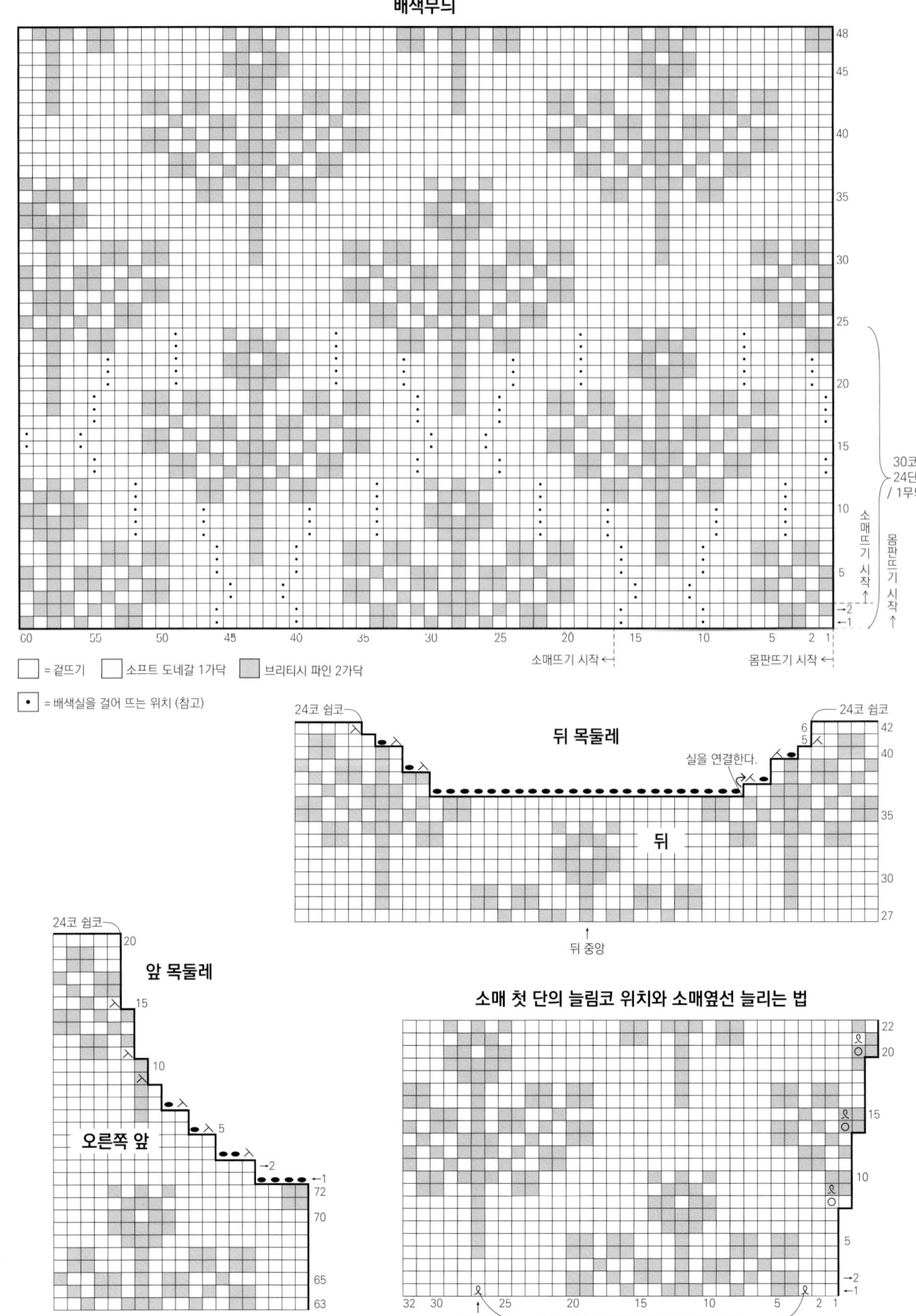

p.18 울과 알파카의 아란 카디건

재료 [하마나카] 소노모노 트위드 회베이지색(72) 480g
도구 6호(3.9mm), 5호(3.6mm) 막대바늘 2개
부자재 2.1×1.8cm 타원형 단추 6개
게이지 무늬뜨기 A 21코 27단 / 7.5cm×10cm
무늬뜨기 B 12코 27단 / 4.5cm×10cm
무늬뜨기 C 21코 27단 / 10cm×10cm
무늬뜨기 D, D′ 7코 27단 /2.5cm×10cm

완성 치수 가슴둘레 97cm, 길이 61cm, 어깨넓이 36cm, 소매길이 55cm

뜨는 법 실은 1가닥으로 지정된 호수의 바늘로 뜹니다.

· 뒤 몸판 뜨기
6호 바늘로 손가락으로 걸어 만드는 시작코를 115코 잡습니다. 계속해서 1코 고무뜨기와 무늬뜨기 B, D, D′를 36단까지 뜹니다. 무늬뜨기 C, B, A, D, D′를 옆선을 늘려 가면서 64단 뜹니다. 진동 둘레를 줄여가며 52단 뜹니다. 어깨는 경사뜨기 하고 쉼코로 둡니다. 목둘레는 덮어씌우기 코막음 하고 코를 줄여가며 뜹니다.

· 앞 몸판 뜨기
6호 바늘로 손가락으로 걸어 만드는 시작코를 54코 만듭니다. 계속해서 1코 고무뜨기를 하고, 무늬뜨기 D′(왼쪽 앞 몸판은 D), B를 36단 뜹니다. 무늬뜨기 D′(왼쪽 앞 몸판은 D), A, B, C를 겨드랑이를 코를 늘려가며 64단 뜹니다. 진동 둘레는 코를 줄여가며 52단 뜹니다. 어깨는 되돌아 경사뜨기 하고 마지막 단을 쉼코로 둡니다. 목둘레는 덮어씌우기 코막음 하고 코를 줄여가며 뜹니다.

· 소매 뜨기
6호 바늘로 손가락으로 걸어 만드는 시작코하여 시작코를 69코 만듭니다. 계속해서 1코 고무뜨기를 하고, 무늬뜨기 B를 36단 뜹니다. 무늬뜨기 C, B, A에서 소매옆선의 코를 늘려가며 80단 뜹니다. 계속해서 소매산을 줄여가며 34단 뜹니다. 마지막에는 덮어씌우기 코막음 합니다.

· 마무리
어깨는 빼뜨기로 잇습니다. 목둘레의 코를 주워 5호 바늘로 1코 고무뜨기를 8단 뜨고, 1코 고무뜨기 코막음으로 마무리합니다. 앞판의 양쪽 끝에서 코를 주워, 5호 바늘로 1코 고무뜨기를 8단 하고, 1코 고무뜨기 코막음으로 마무리합니다. 오른쪽 앞여밈단은 단춧구멍을 만들면서 뜹니다. 겨드랑이와 소매옆선을 떠서 꿰매기로 잇습니다. 소매산과 진동 둘레를 빼뜨기로 꿰맵니다. 왼쪽 앞여밈단에 단추를 답니다.

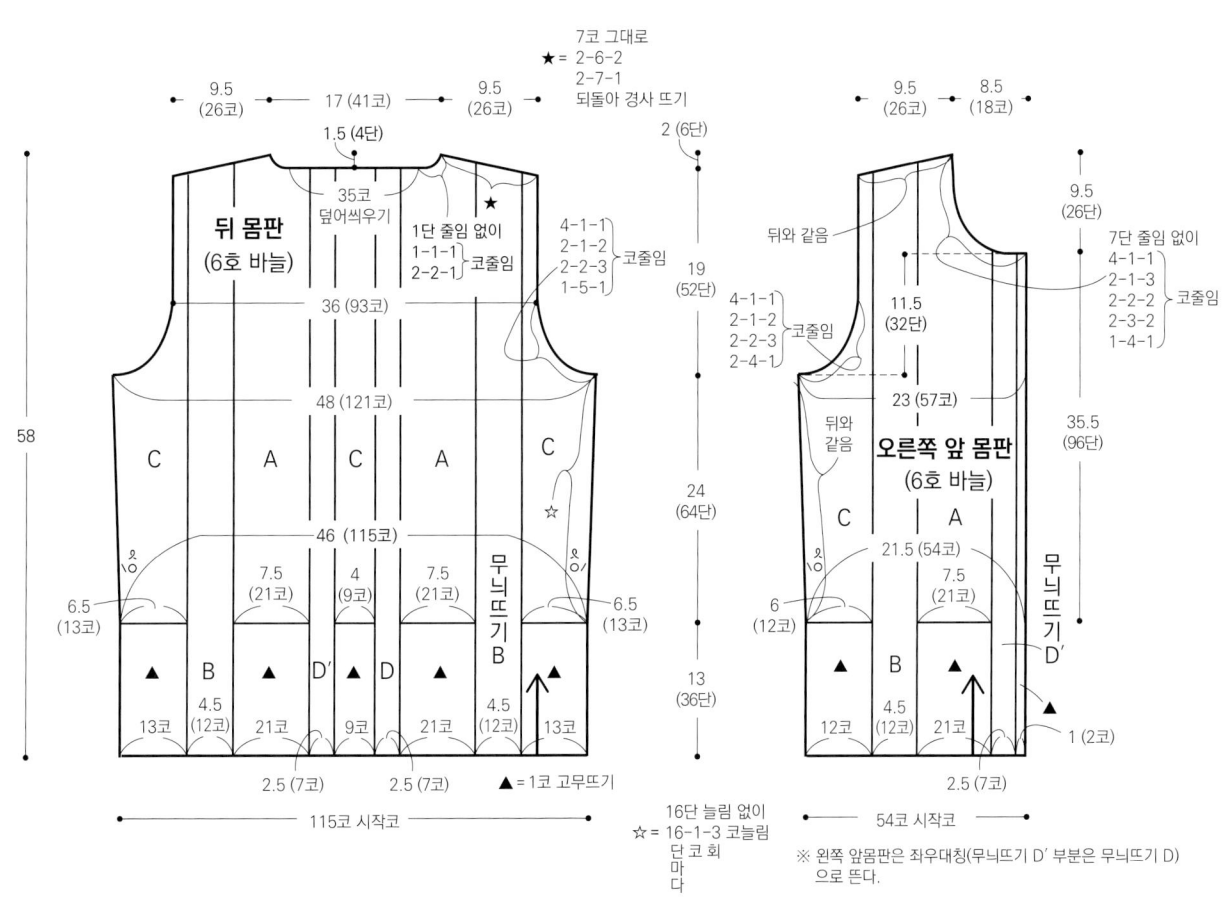

뒤 몸판의 어깨 경사뜨기와 목둘레

| = 겉뜨기 □ = 안뜨기 ○ = 바늘비우기(걸기코)

[되돌아 경사뜨기]

○ 왼쪽

1

되돌아뜨는 코의 앞까지 뜬다.

2

뜨개바탕을 뒤집어 잡고 바늘비우기, 걸러뜨기 한다.

3

안뜨기 한다.

○ 오른쪽

되돌아뜨는 코의 앞까지 뜬다. 뜨개바탕을 돌려잡고 바늘비우기, 걸러뜨기 한다. 겉뜨기 한다.

단차 없애기

되돌아뜨기가 끝나면 바늘비우기한 걸기코의 처리를 하면서 1단 뜬다(단차 없애기). 안코로 단차를 없앨 때에는 걸기코와 다음의 코를 바꿔서 뜬다.

○ 왼쪽

○ 오른쪽

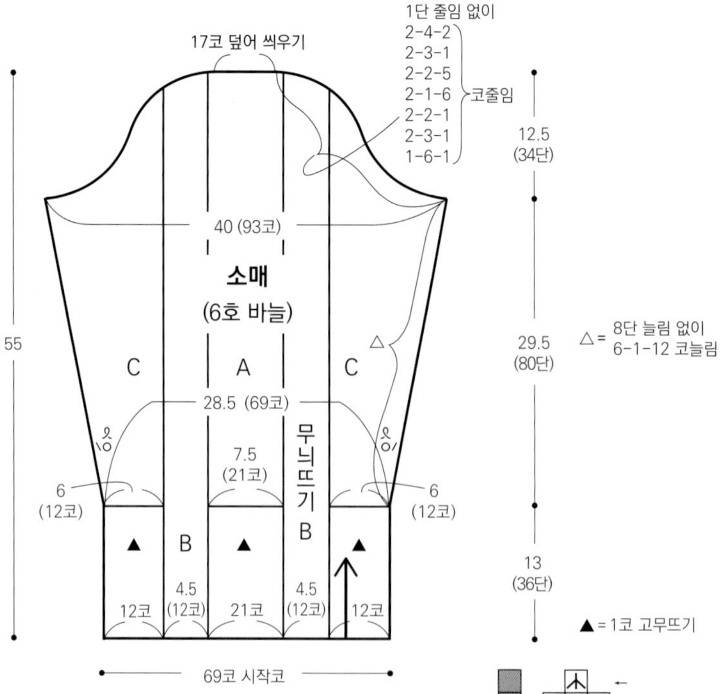

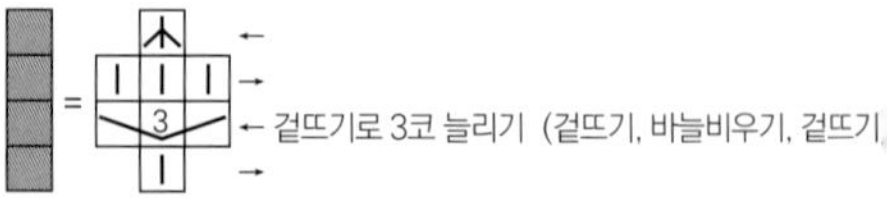

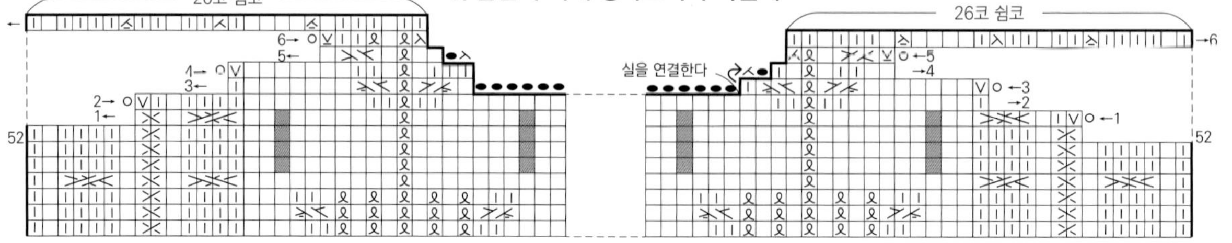

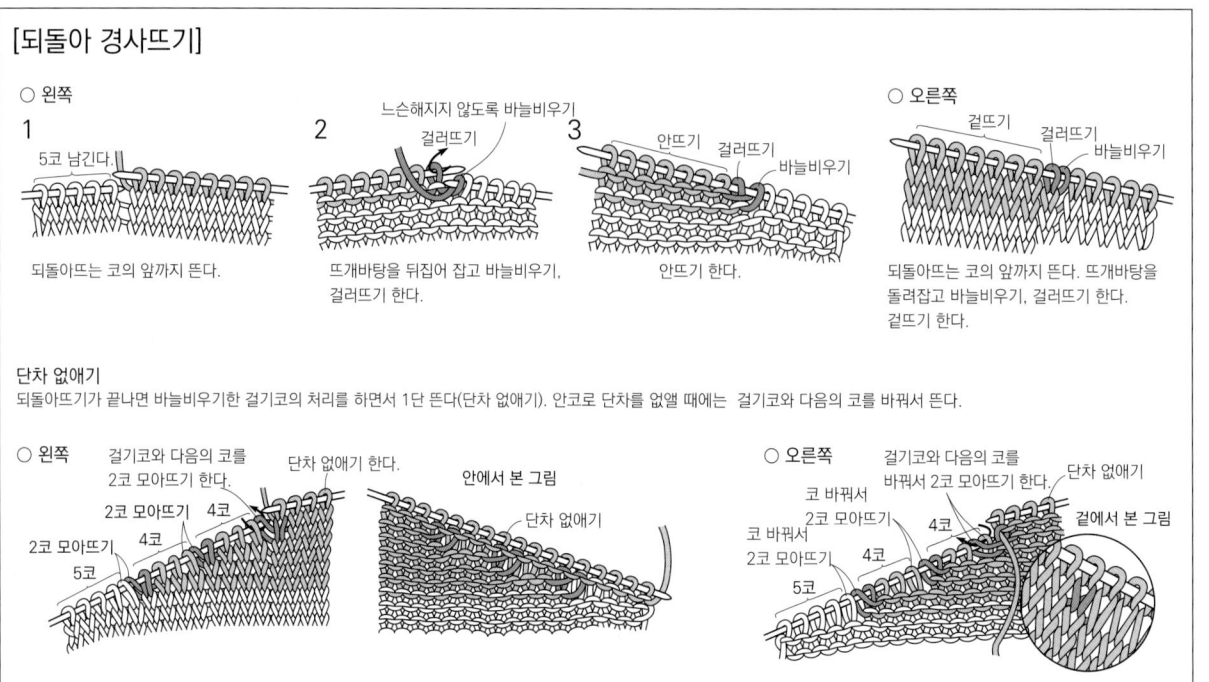

무늬뜨기

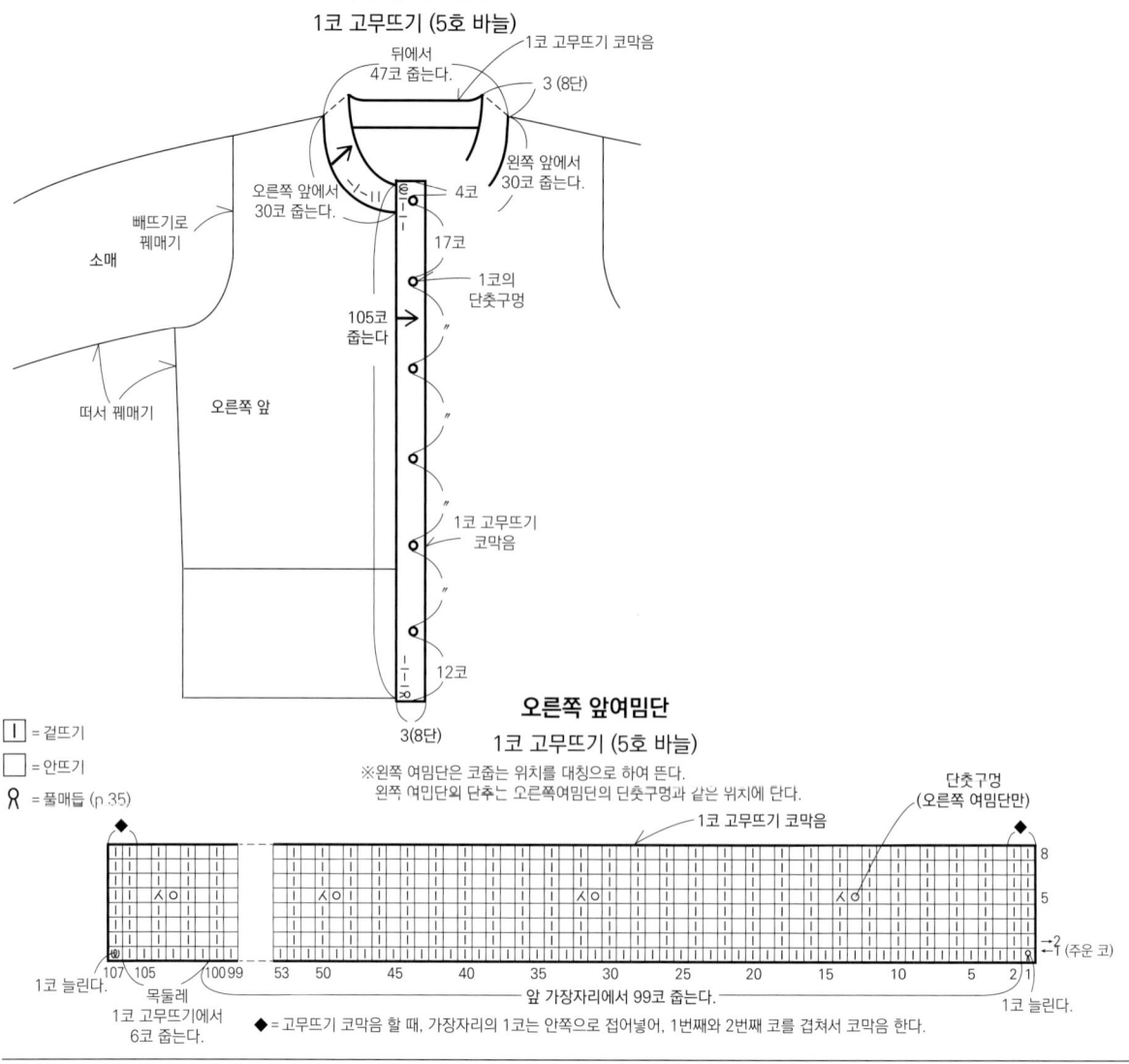

p.24 삼각 백

재료 [다루마] 셰틀랜드 울 초콜릿(3) 40g, 오트밀(2) 8g, 민트(7) 8g

도구 6호(3.9mm), 5호(3.6mm) 40cm 줄바늘

부자재 안감용 갈색 면 원단 23cm×60cm
손잡이용 가죽끈 폭1cm×30cm
직경1cm 똑딱단추 1쌍
재봉용 실

게이지 배색무늬 뜨기 23.5코 25단 / 10cm×10cm
메리야스뜨기 23.5코 26.5단 / 10cm×10cm

완성 치수 폭 21cm, 길이 27.5cm(손잡이 제외)

뜨는 법   실은 1가닥으로 지정된 배색, 지정된 호수의 바늘로 뜹니다.

· 본체 뜨기

5호 바늘, 초콜릿색 실로 별도 사슬에서 만드는 시작코를 100코 잡아 원통으로 만듭니다. 계속해서 메리야스뜨기를 20단 뜹니다.

6호 바늘로 변경하여 배색무늬를 31단 뜹니다. 5호 바늘로 변경하여, 초콜릿색 실로 메리야스뜨기를 20단 하고 마지막으로 덮어씌우기 코막음합니다.

· 뜨개바탕 잇기

뜨개바탕을 안감을 마주대고 시작코의 사슬을 풀어 코를 줍습니다. 50코씩 나눠서 뜨개바탕을 접은 후 초콜릿색 실로 빼뜨기하여 잇습니다.

· 안감을 꿰매고 마무리

안감을 꿰매 넣고 입구의 안면에 똑딱단추를 답니다. 뜨개바탕의 가운데에 안면끼리 마주보게 넣고 입구를 감침질합니다. 손잡이 가죽끈의 양끝에 구멍을 뚫어 본체에 박음질 합니다.

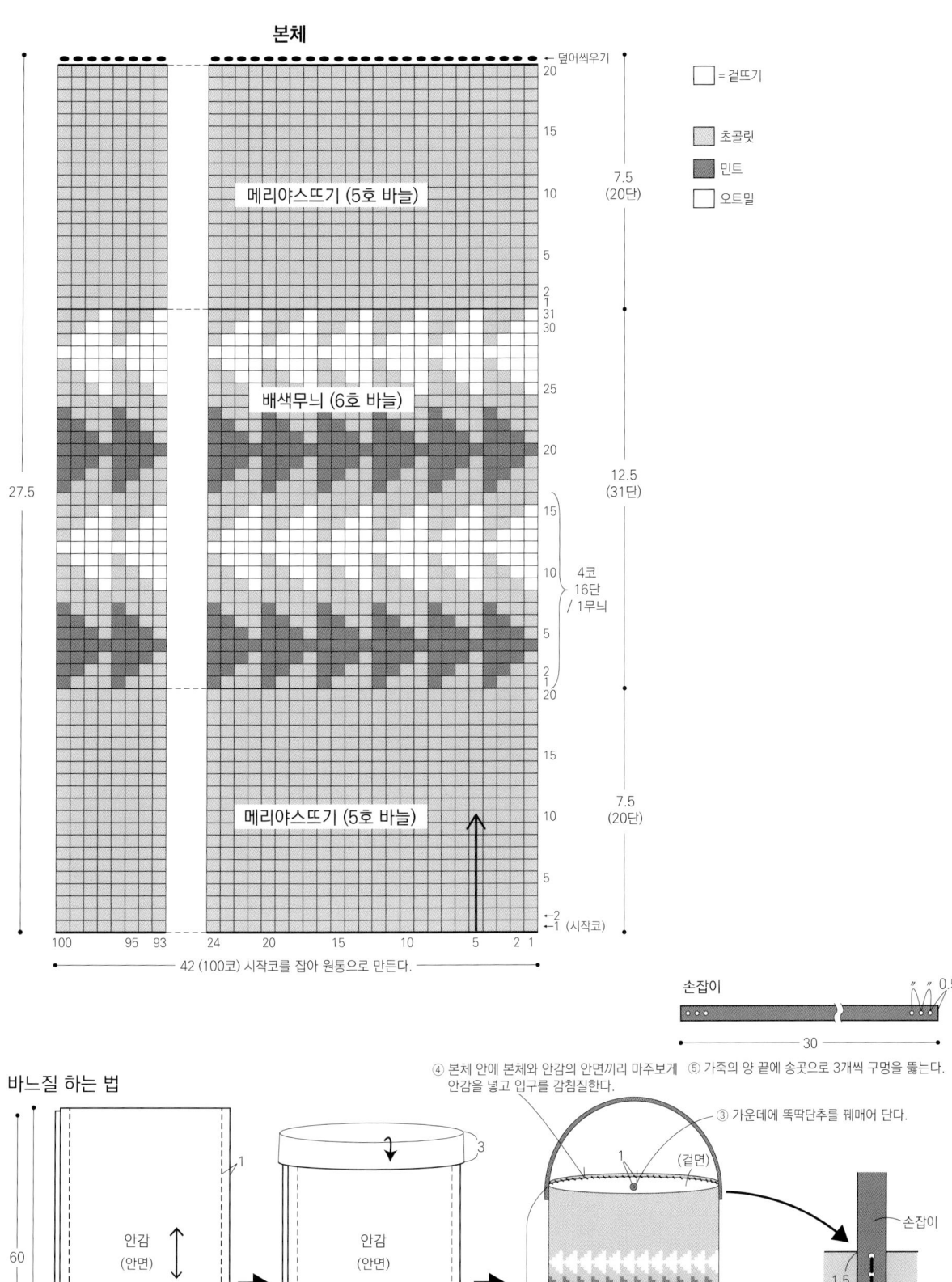

p.30 흰색 보더 스웨터

재료 [다루마] LOOP 미색(1) 297g, 슈퍼워시 메리노 미색(1) 124g
도구 13호(6mm) 60cm 줄바늘
게이지 메리야스뜨기(LOOP) 12.5코 16단 / 10cm×10cm
무늬뜨기 13코 20단 / 10cm×10cm
완성 치수 가슴둘레 97cm, 길이 55.5cm, 소매길이 52cm(화장 72cm)

뜨는 법 실은 LOOP 1가닥, 슈퍼워시 메리노(이하 메리노)는 2가닥으로 지정된 배색으로 뜹니다.(줄바늘로 평면뜨기)

· **앞뒤 몸판 뜨기**
LOOP로 손가락으로 걸어 만드는 시작코를 65코 만듭니다. 계속해서 메리야스뜨기를 30단까지 하고, 무늬뜨기를 36단 합니다. (무늬뜨기 하는 법은 p.40을 참조) 소매아래선은 보조실을 꿰어 쉼코로 두고, 계속해서 무늬뜨기를 21단, LOOP로 메리야스뜨기를 13단 합니다. 어깨는 쉼코로 두고, 계속해서 12단 뜹니다. (진동 둘레, 칼라의 첫단의 도안 해설은 p.35를 참조) 마지막에는 덮어씌우기 코막음합니다. 같은 조각을 2장 뜹니다.

· **소매 뜨기**
어깨선은 빼뜨기로 잇고, 진동 둘레에서 LOOP로 46코를 주워 양 끝에서 1코씩 늘립니다. (p.35 참조) 메리야스뜨기를 8단까지 뜨고, 무늬뜨기로 소매옆선의 코를 늘려가면서 30단 뜹니다. 계속해서 무늬뜨기를 39단 뜨고, LOOP로 메리야스뜨기를 20단 뜹니다. 마지막에는 덮어씌우기 코막음합니다.

· **마무리**
칼라의 양끝, 소매옆선을 떠서 꿰매기로 잇습니다. 겨드랑이는 슬릿 부분까지 떠서 꿰매기로 잇습니다. 소매아래선을 코와 단 잇기로 잇습니다.

포인트 떠서 꿰매기에는 메리노 실을 2가닥 사용해 주세요. 이 실은 굵기가 일정한 실이므로 수월하게 꿰맬 수 있습니다. 마무리 할 때에 LOOP는 실 끝을 당겨서 코를 평평하게 하면 쉽습니다.

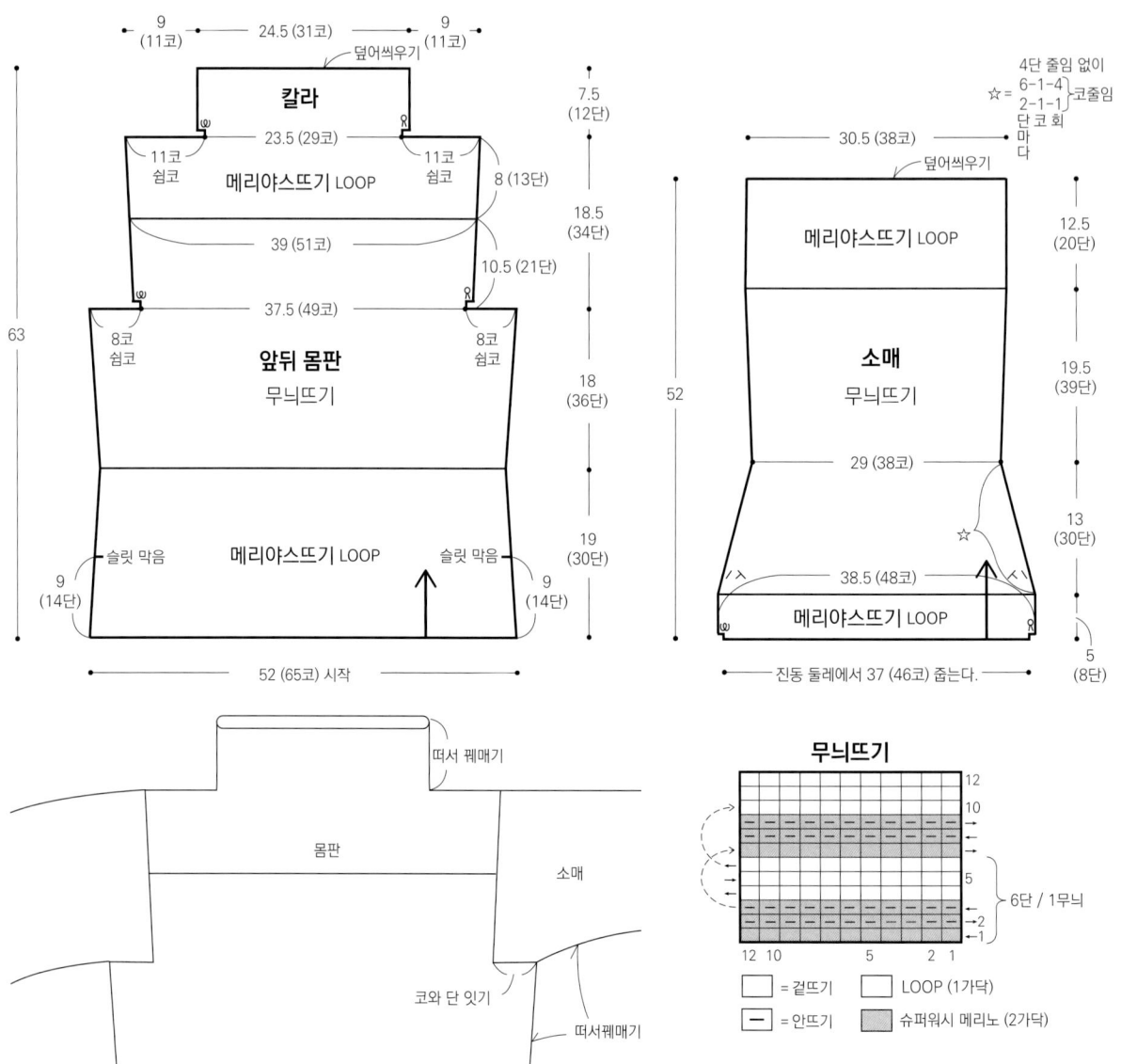

p.20 스완 숄

재료 [외스테르예틀란드 양모방적] 비슈 백색(1) 398g
도구 6호(3.9mm) 80cm 줄바늘
게이지 무늬뜨기 A 23코 40단 / 10cm×10cm
　　　　무늬뜨기 B 23코 24단 / 10cm×6cm
　　　　무늬뜨기 C 23코 6단 / 10cm×1.5cm
　　　　가터뜨기 21코 42단 / 10cm×10cm
완성 치수 폭 약 160cm, 길이 약 82cm

뜨는 법 실은 1가닥으로 뜹니다.(줄바늘로 평면뜨기)
손가락으로 걸어 만드는 시작코를 531코 만듭니다. 계속해서 무늬뜨기 A를 44단까지, 무늬뜨기 B를 24단, 무늬뜨기 C를 6단, 가터뜨기를 162단 합니다. 중앙과 좌우의 4군데를 줄여가며 뜹니다. 무늬뜨기 C는 첫 단에서 60코를 줄입니다. (p.68, 69의 도안 참조)
마지막 단에서 남은 코를 5코, 6코로 바늘에 나누어 겉면끼리 맞대고 빼뜨기로 잇습니다. 마지막에 1코 남는데 이 부분은 3코를 한번에 빼뜨기 합니다.
포인트 홀수단의 2코 모아뜨기는 무늬뜨기의 일부이며, 짝수단의 2코 모아뜨기는 줄임코가 됩니다.
스팀다리미질로 모양을 정리하여 마무리합니다.

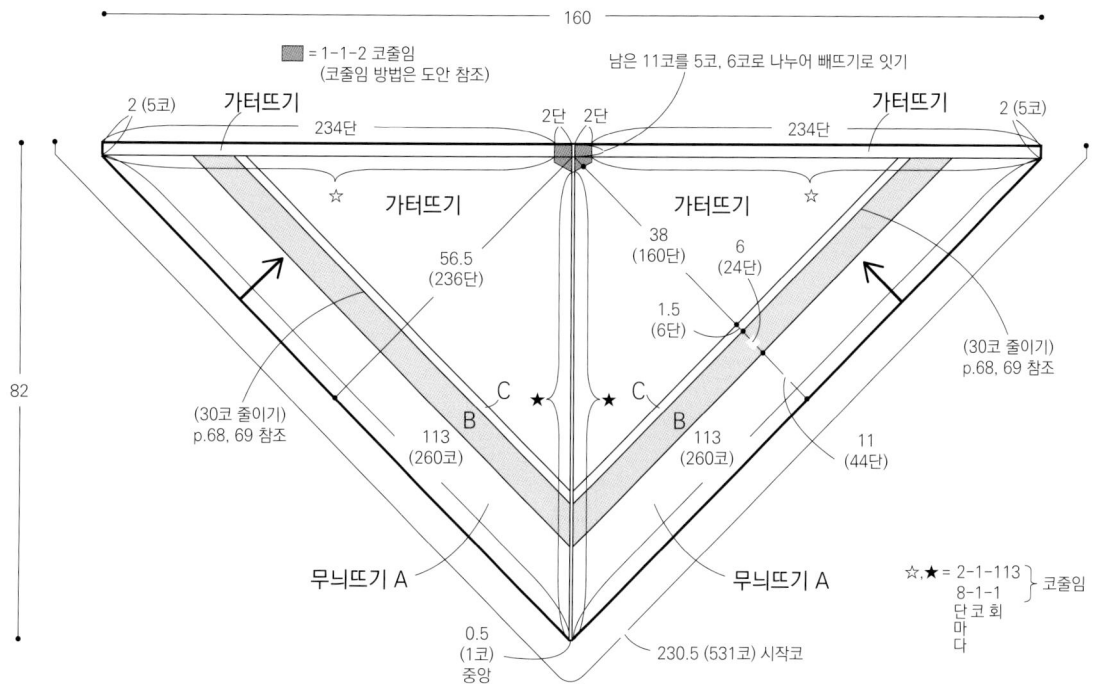

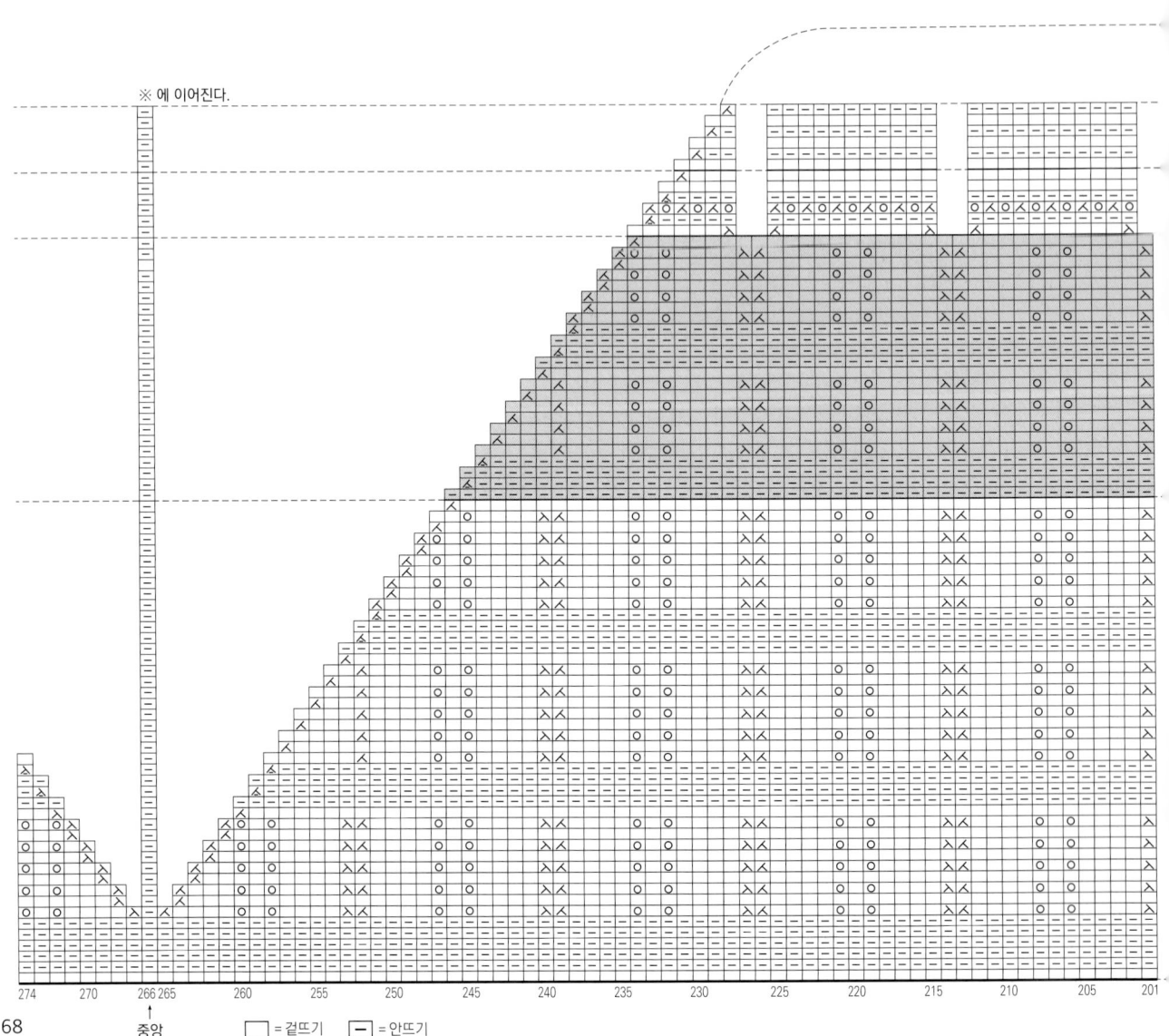

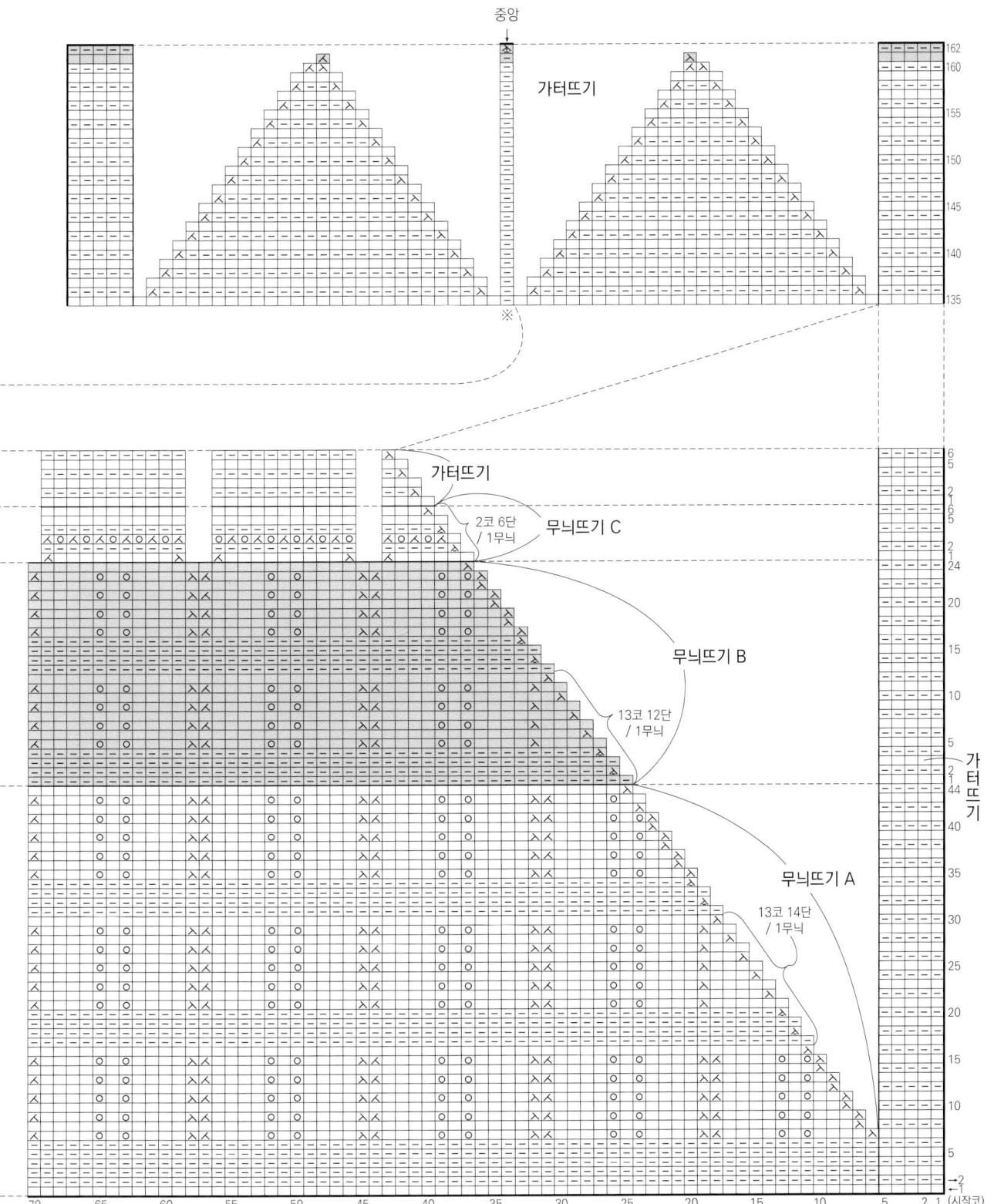

p.21 스완 양말

재료 [다루마] 슈퍼워시 메리노 미색(1) 94g

도구 0호(2.1mm), 1호(2.4mm) 짧은 막대바늘 5개

게이지 메리야스뜨기 30코 36단 / 10cm×10cm
무늬뜨기 35코 35단 / 10cm×10cm

완성 치수 발바닥 21cm, 높이 25cm
(발 사이즈 23.5cm 용)

뜨는 법 실 1가닥, 지정 호수의 바늘로 뜹니다.

· 발목단, 발목 뜨기

0호 바늘로 손가락으로 걸어 만드는 시작코를 78코 만들고, 원통으로 만듭니다. 1코 고무뜨기를 14단까지 계속합니다. 1호 바늘로 변경하여 무늬뜨기를 56단 뜹니다. 57단 째에서 66코로 줄입니다.

· 뒤꿈치 뜨기 (p.36참조)

발등을 32코 쉼코로 두고, 뒤꿈치[위]를 평면뜨기로 20단 뜹니다. 계속해서 뒤꿈치[바닥]을 뒤꿈치[위]의 코를 주워가면서 줄이고, 평면뜨기로 18단 뜹니다.

· 발바닥, 발등 뜨기 (p.36참조)

발바닥은 뒤꿈치 위의 양끝에서 코를 줍고, 발등은 쉼코에서 코를 줍습니다. 도안대로 코를 줄여가며 메리야스뜨기를 원통으로 40단 뜹니다.

· 양말코 뜨기

도안과 같이 코를 줄여가며 메리야스뜨기를 원통으로 19단 뜹니다. 마지막 단의 10코에 실을 2바퀴 통과시켜 조입니다. 같은 방법으로 또 한 쪽을 뜹니다.

포인트

· 발바닥 사이즈 조절에 대해

이 실로 뜨는 양말은 실제의 발바닥 사이즈보다 2~2.5cm 정도 작게 만들면 착용감이 좋습니다. 발등과 발바닥의 코 늘림/줄임 없이 뜨는 부분에서 단수를 조절해주세요.

· 발목단(양말단)이 느슨해지면 실고무줄을 끼워도 좋습니다.

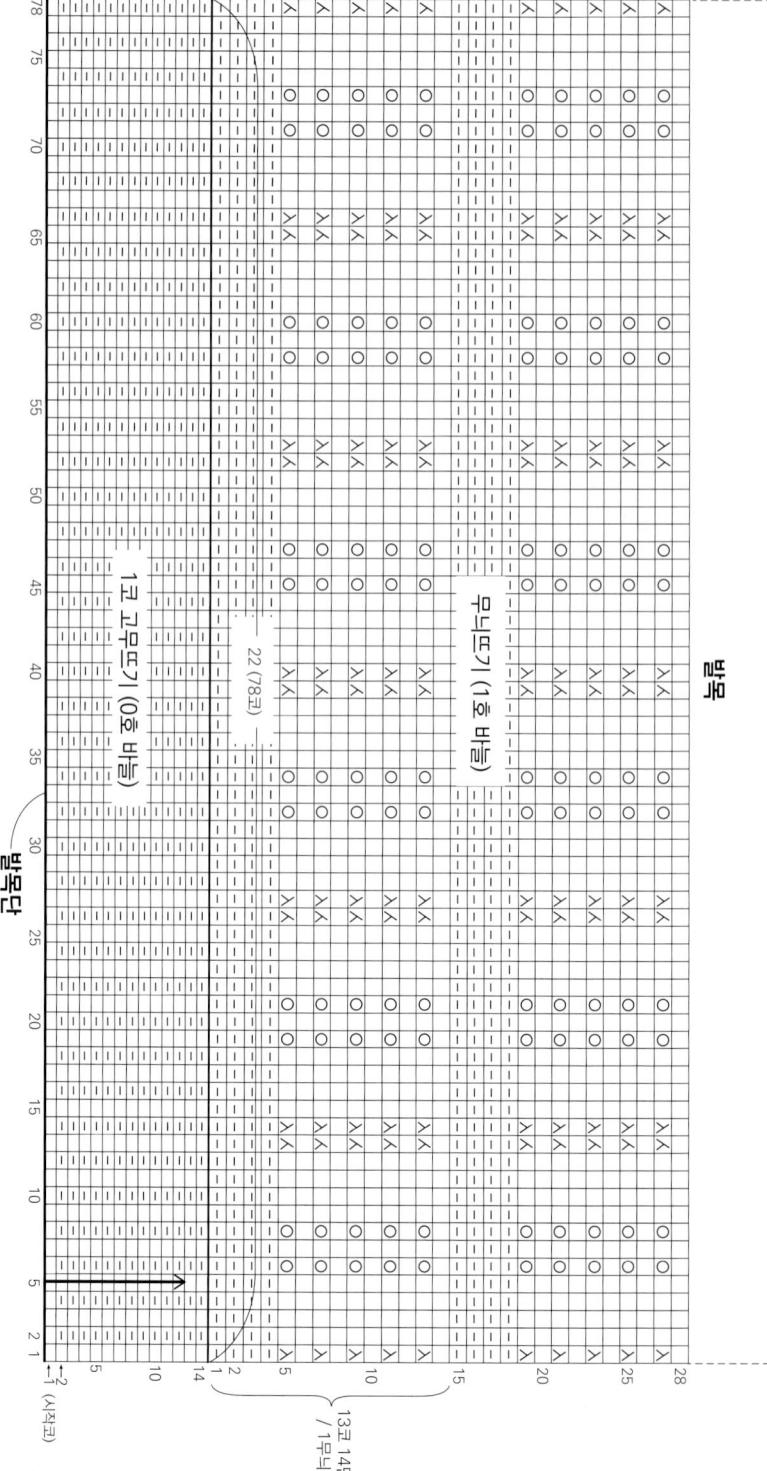

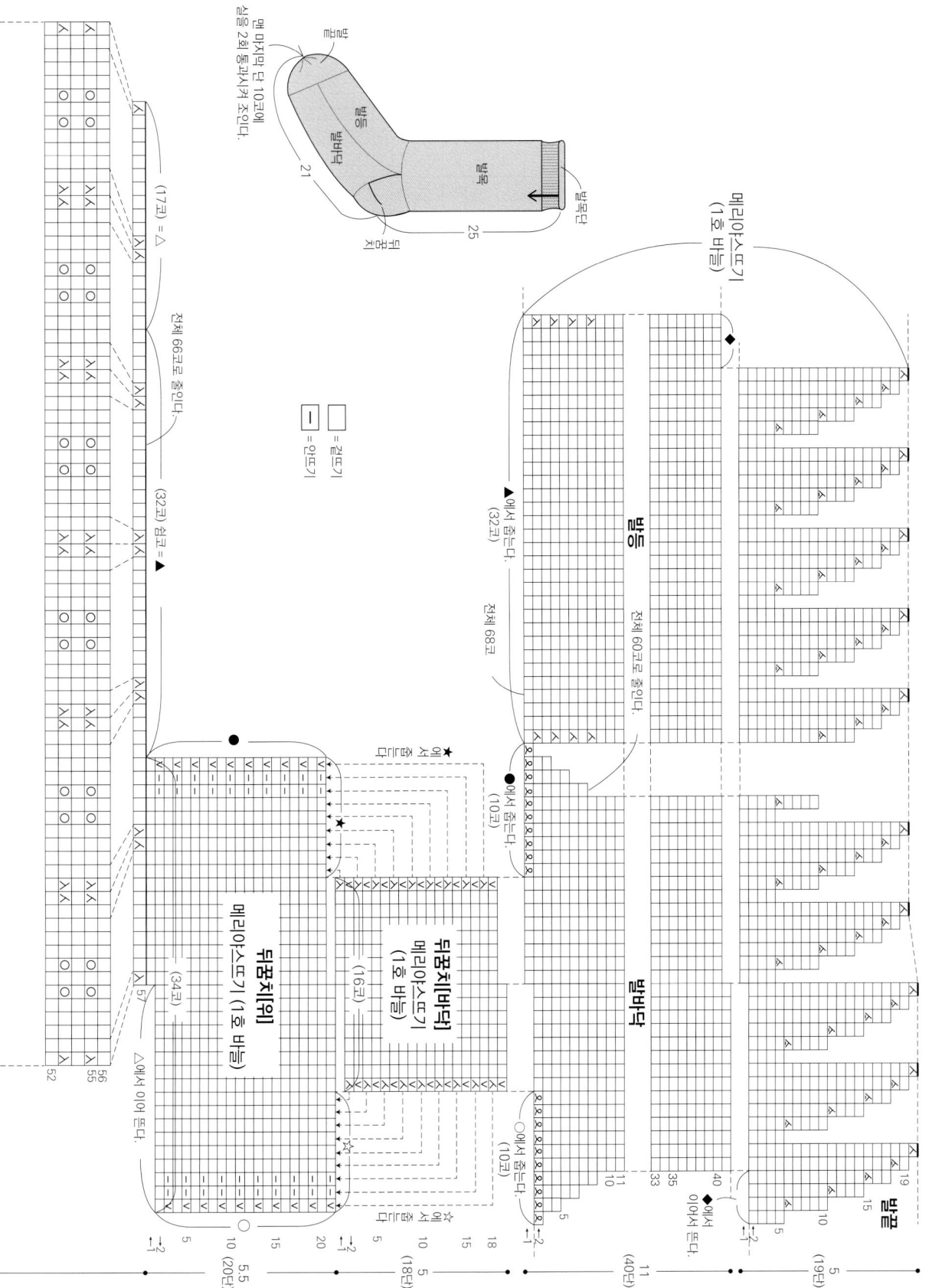

p.22 배색무늬 티 코스터

재료 [제이미슨즈 스피닝(셰틀랜드)]스핀 드리프트
  반짝거림 붉은끼가 있는 베이지(141 / Camel) 12g, 노란색(400 / Mimosa) 7g
  콧노래 녹색(800 / Tartan) 12g, 미색(104 / Natural White) 7g
  눈꽃 남색(727 / Admiral Navy) 12g, 적색(500 / Scarlet) 7g

도구 4호(3.3mm) 짧은 막대바늘 5개, 4/0호 코바늘

게이지 **반짝거림, 눈꽃** 배색무늬 뜨기 30코 31단 / 10cm×10cm
  콧노래 배색무늬 뜨기 28코 31단 / 10cm×10cm

완성 치수 **반짝거림** 폭 11.5cm, 길이 16.5cm
  콧노래 폭 13cm, 길이 16.5cm
  눈꽃 폭 12cm, 길이15cm

뜨는 법 실은 1가닥으로 지정된 배색으로 뜹니다. 별 사슬에서 줍는 시작코(눈꽃 / 콧노래 72코, 반짝거림은 70코)를 잡아 원통으로 만듭니다.
계속해서 배색무늬를 뜹니다(눈꽃은 47단, 반짝거림 / 콧노래는 51단). 다 뜨면 마지막 단의 코에 보조실을 꿰어 쉼코로 둡니다. 뜨개바탕의 안면끼리 마주대고 시작코의 사슬코를 풀어 코를 줍습니다. 코수의 반씩(반짝거림은 35코, 눈꽃 / 콧노래는 36코) 바늘에 나누어서 뜨개바탕을 반으로 접어 바탕실로 빼뜨기로 잇습니다. 겉면으로 뒤집어서 마지막단의 쉼코를 반씩(반짝거림은 35코, 눈꽃 / 콧노래는 36코) 바늘에 나누어서 겉면에서 빼뜨기로 잇습니다. 계속해서 코바늘로 사슬코를 20코 떠서 고리를 만듭니다. (뜨는 법은 도안의 ③을 참조) 마지막은 원통으로 꿰맵니다.

포인트 배색무늬의 건너는 실이 긴 곳은 적당히 실을 걸어 주세요.(p.38참조)

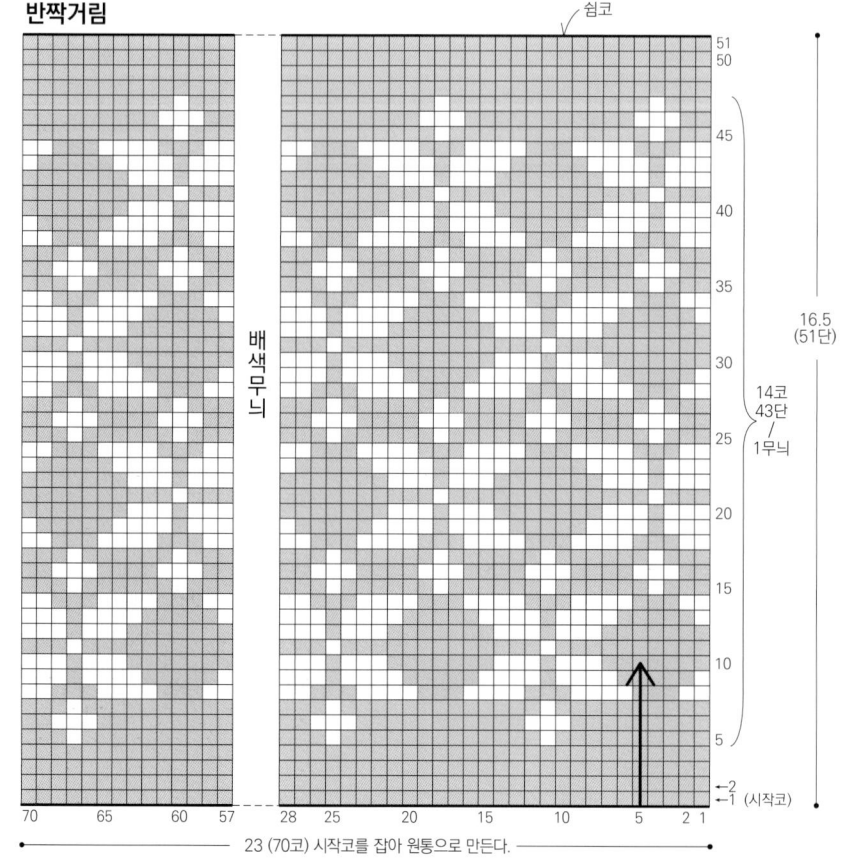

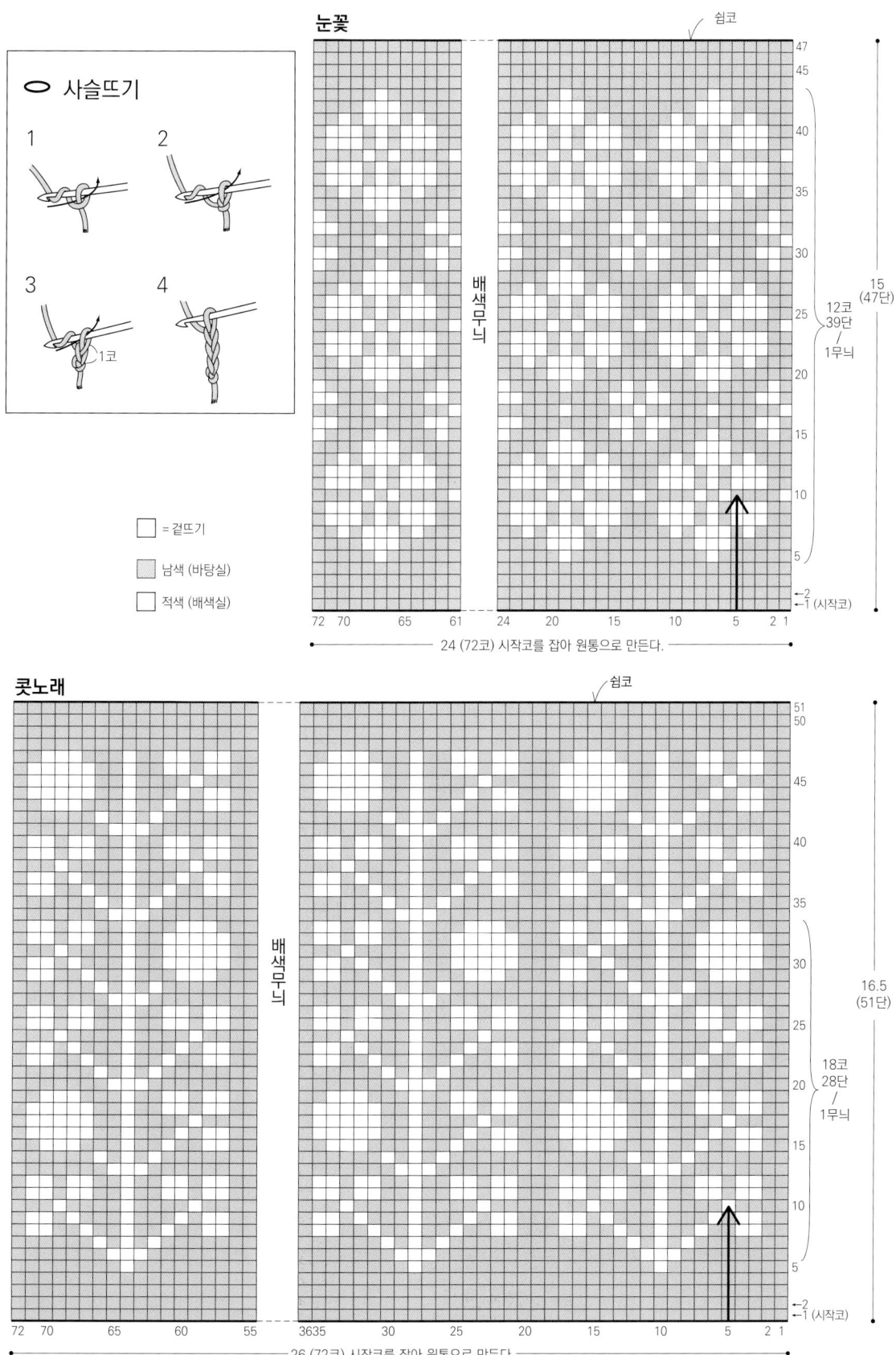

p.25 **클로버 모자**

<u>재료</u> [다루마] 셰틀랜드 울 그레이(8) 30g, 네이비(5) 20g, 미색(1) 5g, 마린블루(11) 5g

<u>도구</u> 5호(3.6㎜) 짧은 막대바늘 5개, 40㎝ 줄바늘, 4호(3.3㎜) 40㎝ 줄바늘

<u>게이지</u> 배색무늬 뜨기 24코 26단 / 10㎝×10㎝

<u>완성 치수</u> 머리둘레 50㎝, 높이 21㎝

<u>뜨는 법</u> 실은 1가닥으로 지정된 배색, 지정된 호수의 바늘로 뜹니다.
4호 바늘, 네이비 실로 손가락으로 걸어 만드는 시작코를 120코 잡아 원통으로 만듭니다. 계속해서 2코 고무뜨기로 3단까지 뜨고 네 번째 단부터 그레이 실로 여덟 번째 단까지 2코 고무뜨기로 뜹니다.
5호 바늘로 변경하여, 배색무늬 뜨기를 44단 뜹니다. 계속해서 그레이실로 코를 줄여가며 3단 뜹니다. 마지막 단의 15코에 실을 두 바퀴 통과시켜서 조입니다.

<u>포인트</u> 머리둘레는 56㎝ 정도를 기준으로 하였고 착용감이 좋도록 작은 듯이 완성했습니다.

□ = 겉뜨기
⊟ = 안뜨기
그레이(바탕실)
네이비
⊠ 마린블루
□ 미색(바탕실)

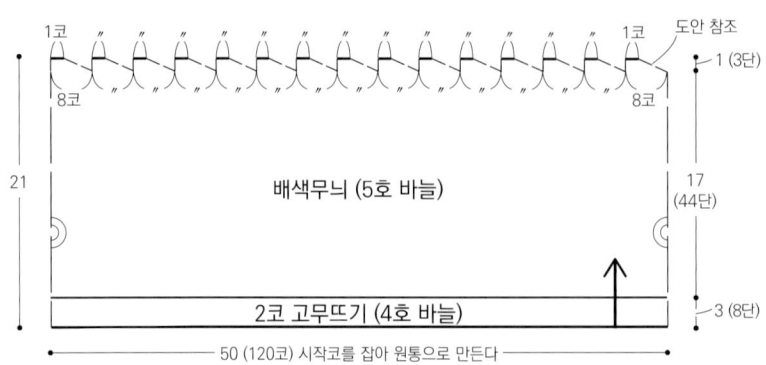

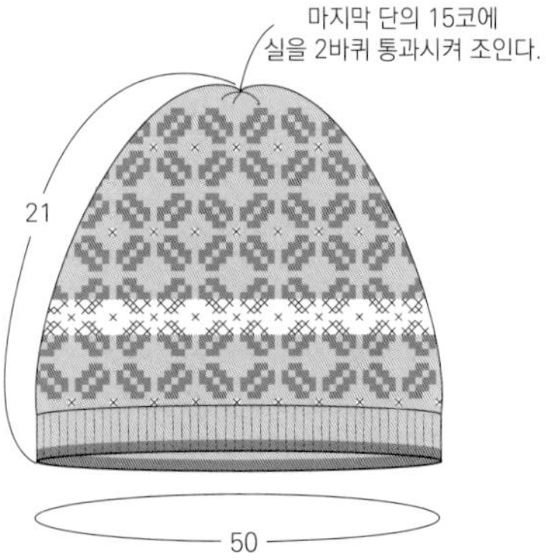

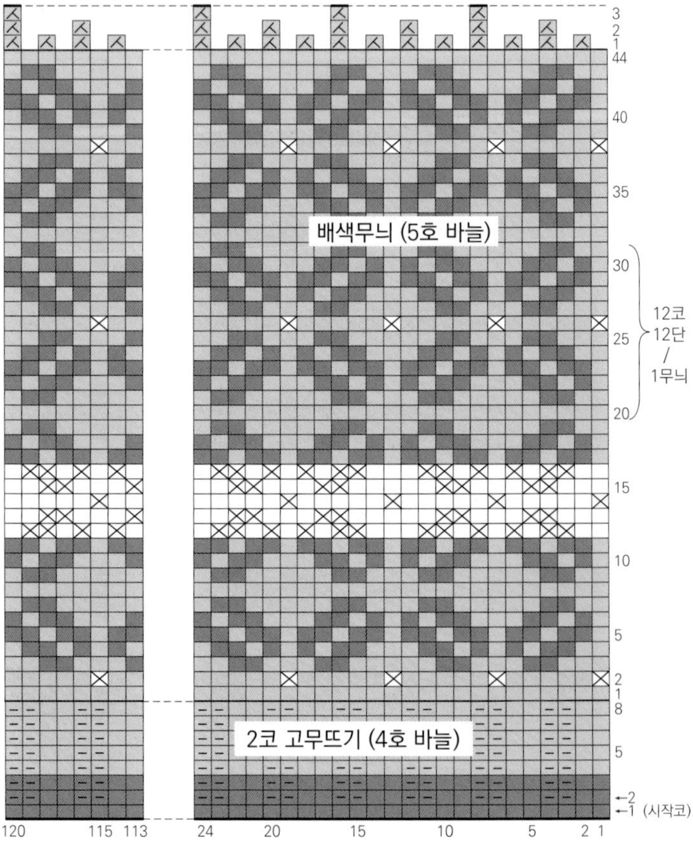

p.25 **클로버 미튼**

재료 [다루마] 셰틀랜드 울 그레이(8) 42g, 네이비(5) 15g, 미색(1) 5g, 마린블루(11) 5g
도구 4호(3.3mm), 5호(3.6mm) 짧은 막대바늘 5개
게이지 배색무늬 뜨기 24코 26단 / 10cm×10cm
완성 치수 손바닥 둘레 20cm, 길이 25cm

뜨는 법 실은 1가닥으로 지정된 배색, 지정된 호수의 바늘로 뜹니다.

· **오른손 뜨기**
4호 바늘, 네이비 실로 손가락으로 걸어 만드는 시작코 하여 시작코를 48코 원통으로 만듭니다. 계속해서 2코 고무뜨기로 3단까지 뜨고, 네 번째 단부터 그레이 실로 18단까지 뜹니다. 5호 바늘로 변경하여 배색무늬를 38단 뜹니다. 도중에 엄지손가락 부분의 구멍은 보조실을 꿰어 쉼코로 둡니다. 다음 단에서 감아코로 8코를 만듭니다(p.37 참조). 손가락 끝은 코를 줄여가며 10단 뜹니다. 마지막 단의 8코에 실을 두 바퀴 통과시켜서 조입니다.

· **엄지손가락 뜨기**
본체의 쉼코와 감아코, 모서리에서 1코씩, 합계 18코를 주워서 4호 바늘, 그레이 실로 원통으로 뜹니다(p.38참조). 계속해서 메리야스뜨기로 17단까지 뜹니다. 손가락 끝을 줄여가며 3단 뜹니다. 마지막 단의 6코에 실을 2바퀴 통과시켜 조입니다.

· **왼손 뜨기**
오른손과 똑같이 뜹니다. 엄지손가락 구멍의 위치가 변경되므로 주의합니다.

엄지손가락

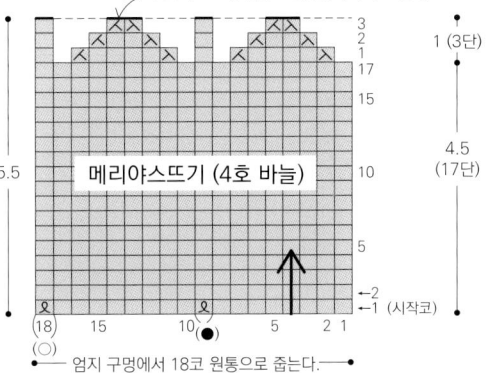

마지막 단의 6코에 실을 2바퀴 통과시켜 조인다.

메리야스뜨기 (4호 바늘)

엄지 구멍에서 18코 원통으로 줍는다.

엄지손가락 코 줍는 법

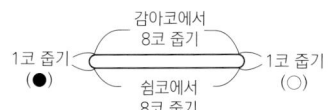

감아코에서 8코 줍기
쉼코에서 8코 줍기
1코 줍기 (●) 1코 줍기 (○)

본체

마지막 단의 8코에 실을 2바퀴 통과시켜 조인다.

손등 / 손바닥

배색무늬 (5호 바늘)

12코 12단 / 1무늬

8코 쉼코   8코 쉼코

10 (24코)   10 (24코)

2코 고무뜨기 (4호 바늘)

20 (48코) 시작코를 잡아 원통으로 만든다.

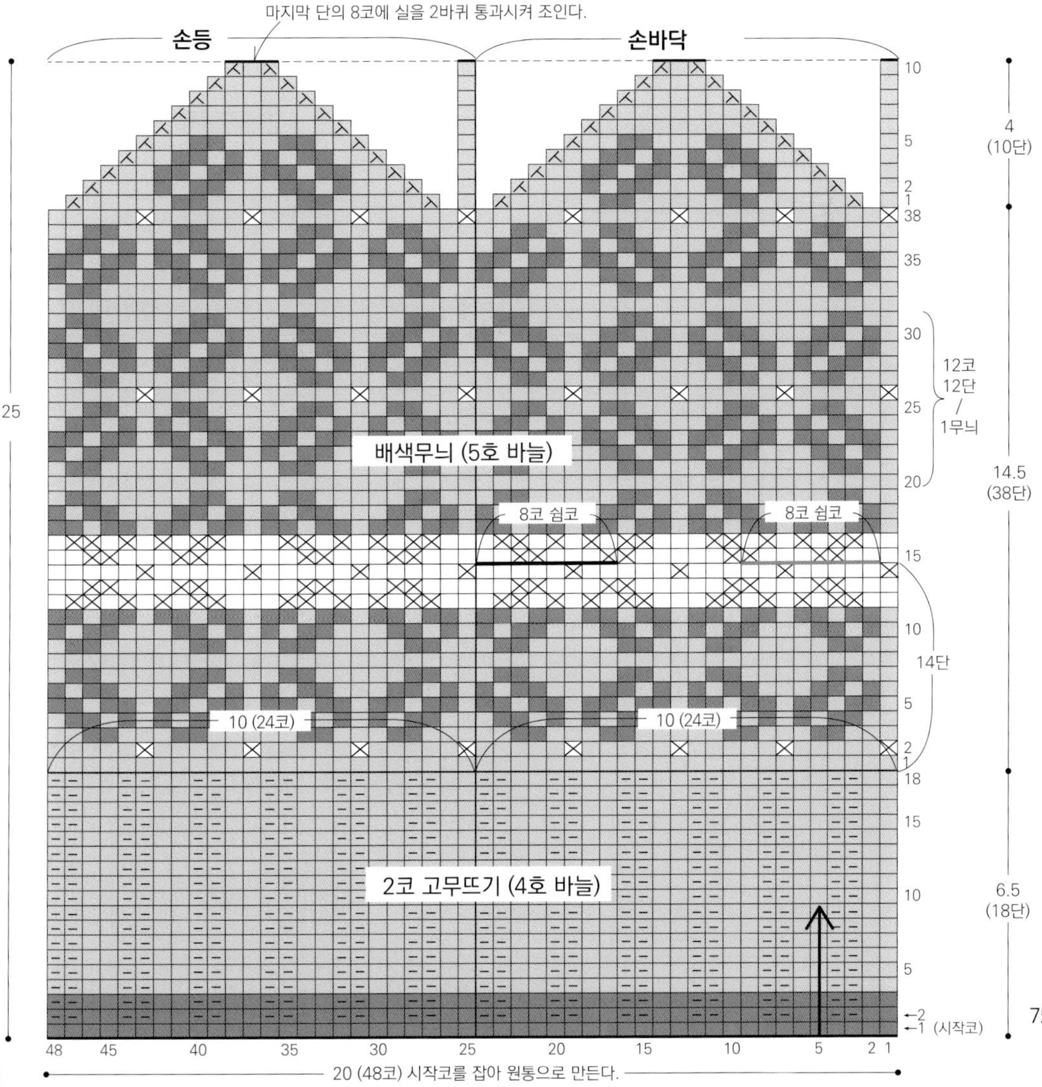

엄지 구멍 만드는 법

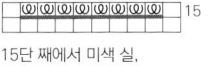

15단 째에서 미색 실, 마린블루색 실의 순서로 번갈아가며 감아코를 잡는다.

□ = 겉뜨기
− = 안뜨기
□ 그레이 (바탕실)
■ 네이비
⊠ 마린블루
□ 미색 (바탕실)

━ = 왼손 엄지손가락 구멍
━ = 오른손 엄지손가락 구멍

p.28 십자가 무늬 풀오버

재료 [퍼피] 브리티시 파인 남색(17) 370g, 백색(01) 25g, 옅은 베이지(21) 25g

도구 8호(4.5mm) 80cm 줄바늘

게이지 메리야스뜨기 17.5코 21단 / 10cm×10cm
무늬뜨기 17.5 코 30단 / 8.5cm×10cm

완성 치수 가슴둘레 126cm, 길이 57cm

뜨는 법 무늬뜨기 부분은 남색 2가닥, 백색과 옅은 베이지를 1가닥씩 모아 잡아 2가닥으로 뜹니다. 다른 부분은 남색 2가닥으로 뜹니다. (줄바늘로 평면뜨기)

· 소매 뜨기
소맷부리를 뜹니다. 손가락으로 걸어 만드는 시작코를 11코 만듭니다. 가터뜨기로 68단까지 뜨고 덮어씌우기 코막음합니다. 가터뜨기의 단에서 51코를 주워서 양끝을 1코씩 늘립니다. (첫 단의 도안해설은 p.35참조) 소매 옆선의 코늘림을 하며 메리야스뜨기를 56단까지 뜨고 쉼코로 둡니다.

· 앞뒤 몸판(반신) 뜨기
소매의 쉼코에서 코를 주워 양끝의 겨드랑이 부분은 별 사슬에서 줍는 시작코를 각각 54코 잡습니다. 가터뜨기와 메리야스뜨기로 48단 뜹니다. 뜨면서 2군데에서 코를 늘립니다.

· 몸판 중앙 뜨기
앞뒤 몸판에서 계속해서 무늬뜨기로 30단 뜹니다(무늬뜨기 뜨는 법은 p.35를 참조). 마지막에는 보조실을 꿰어 쉼코로 둡니다. 같은 방법으로 소매, 몸판, 몸판 중앙을 또 1장씩 뜹니다.

· 마무리
몸판 중앙의 쉼코를 바늘에 되돌려서 뜨개바탕의 안감끼리 마주대고 빼뜨기로 목둘레 트임까지 잇습니다. 목둘레는 1장씩 덮어씌우기 코막음 합니다. 몸판 겨드랑이의 별 사슬을 풀어서 코에 바늘을 끼웁니다. 가터뜨기 부분은 1매씩 덮어씌우기 코막음하고 메리야스뜨기 부분은 뜨개바탕을 안면끼리 마주대고 빼뜨기 잇기 합니다. 소매옆선의 메리야스뜨기 부분을 떠서 꿰매기로 잇습니다. 양 옆과 소매의 슬릿 부분을 2회 감침질합니다.

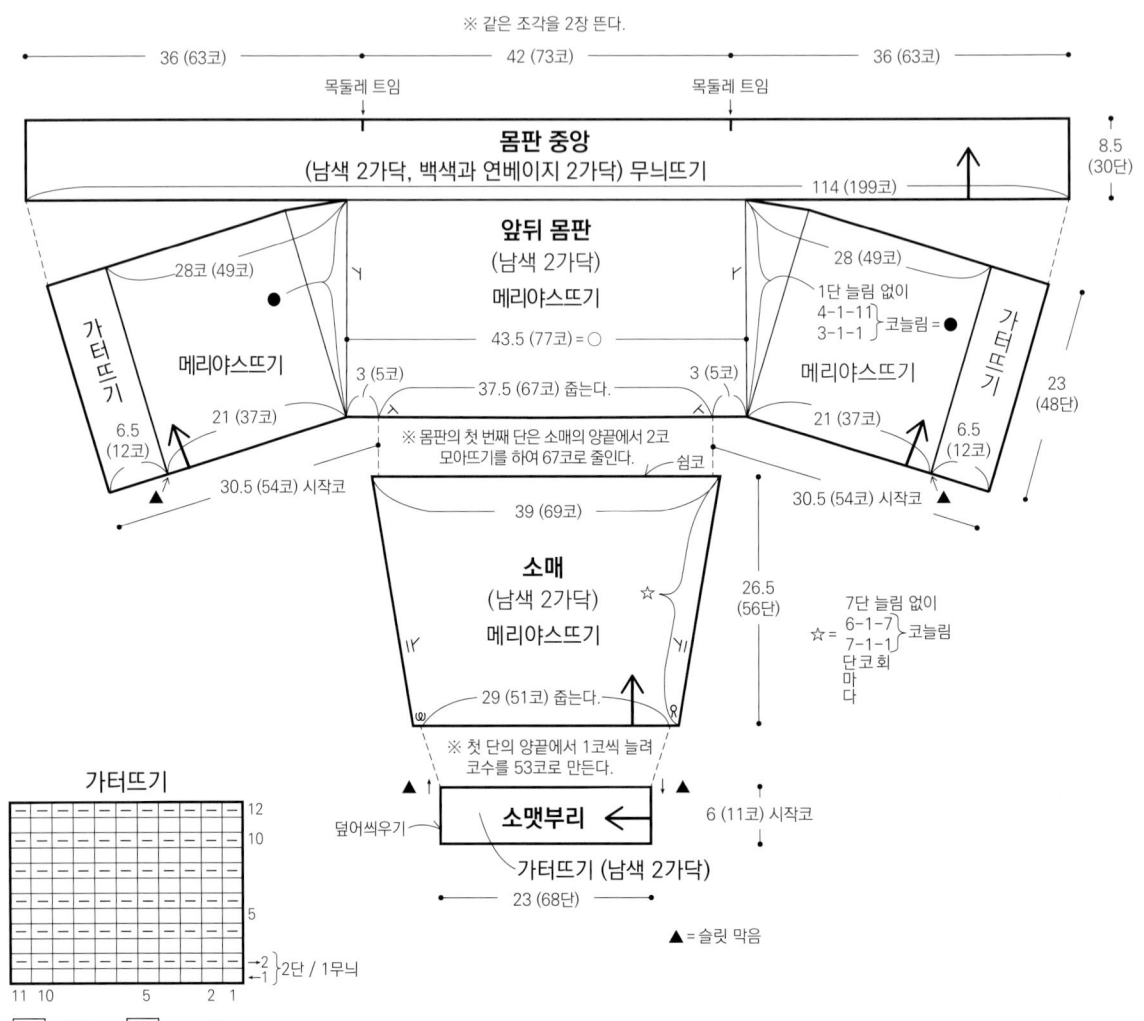

몸판의 코 늘리는 법

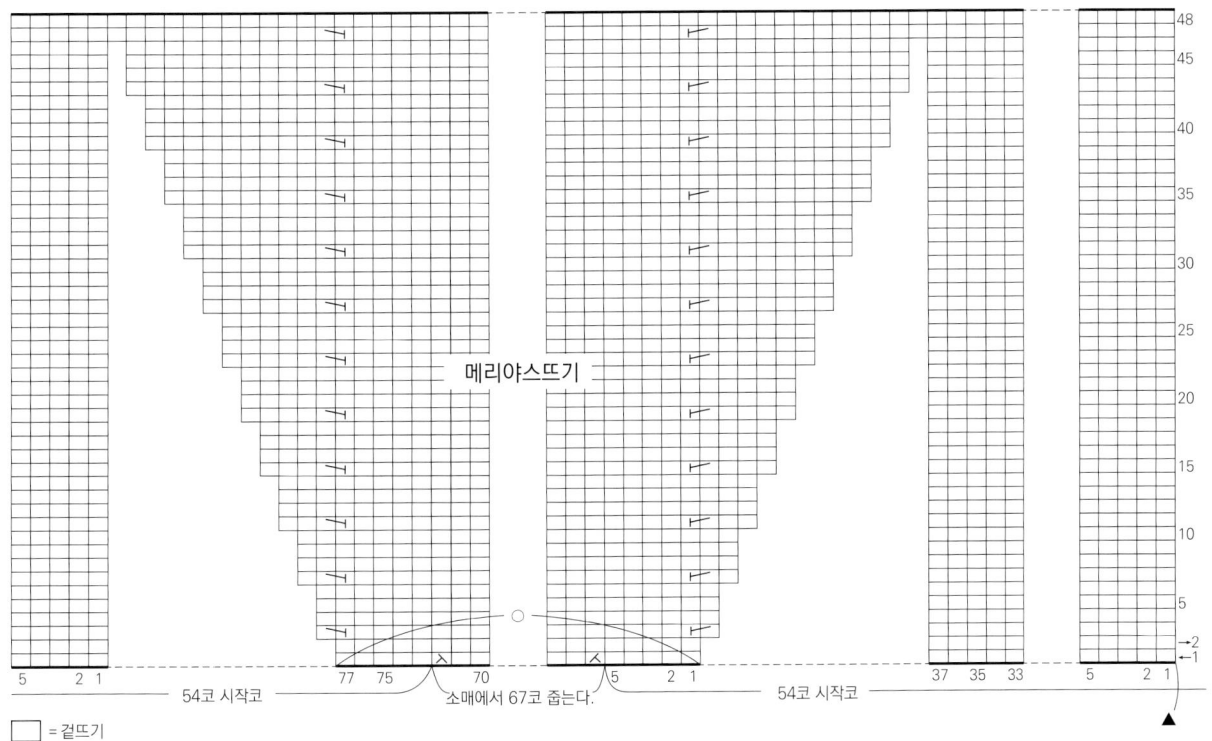

□ = 겉뜨기

몸판 중앙
무늬뜨기

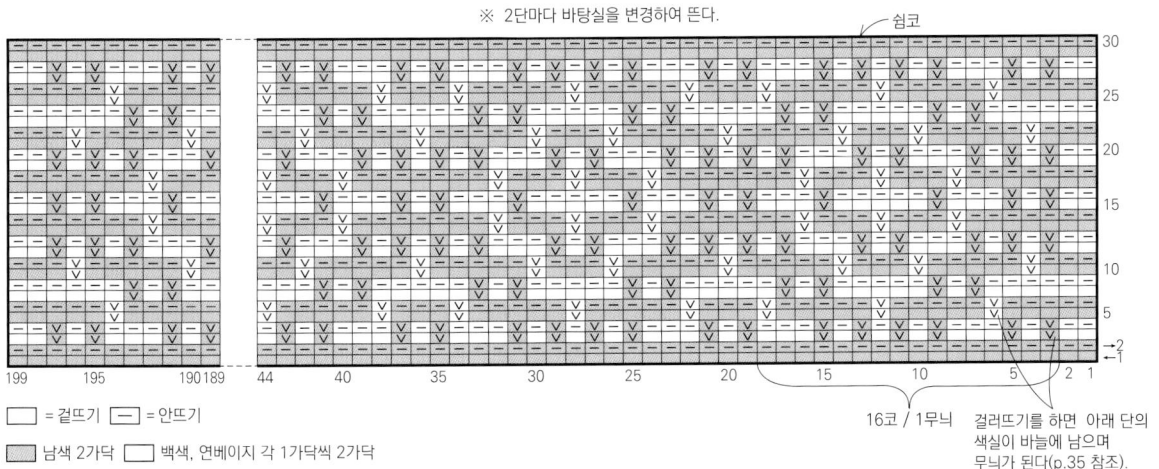

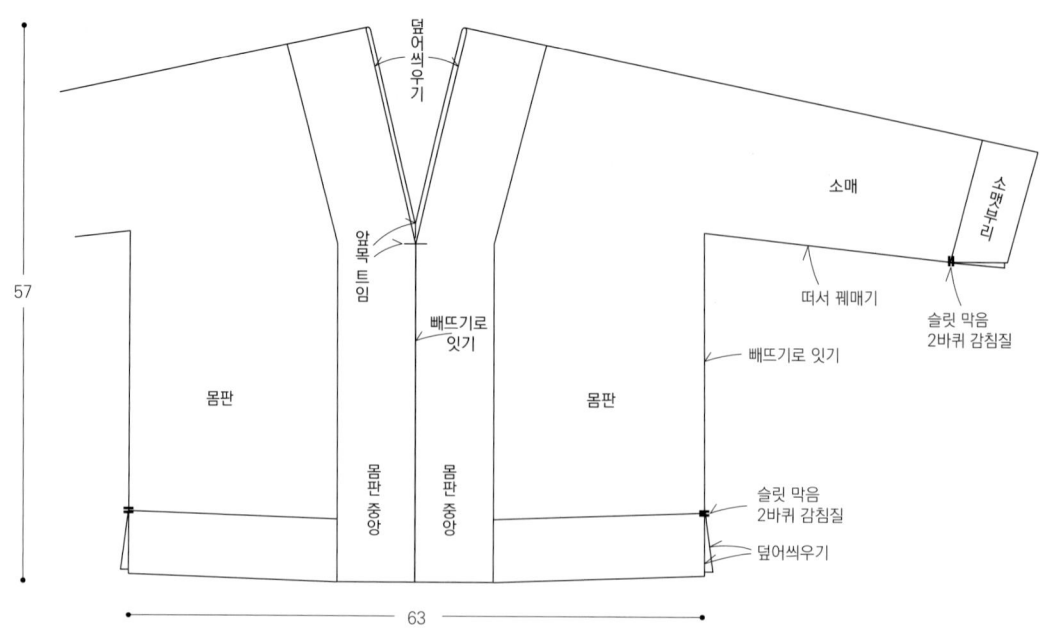

p.26 콧노래 베스트

재료 [제이미슨즈 스피닝(셰틀랜드)]스핀 드리프트
갈색 믹스(246 / Wren) 136g, 진갈색(248 / Havana) 76g
도구 4호(3.3mm) 80cm, 60cm, 40cm 줄바늘, 3호 60cm, 40cm 줄바늘
게이지 배색무늬 28코 31단 / 10cm×10cm
완성 치수 가슴둘레 90cm, 길이 57cm, 어깨넓이 38cm
뜨는 법 실은 1가닥으로 지정된 배색, 지정된 호수의 바늘로 뜹니다.

· 앞뒤 몸판 뜨기
별 사슬에서 줍는 시작코를 252코 잡아 원통으로 연결합니다(p.39 참조). 4호 바늘로 배색무늬를 80단 뜹니다. 진동 둘레·목둘레의 스틱 뜨는 법, 어깨나 스틱의 잇는 법, 스틱을 자르는 법은 p.39, 40을 참조하세요.

· 마무리
진동 둘레, 목둘레에서 코를 주워(p.40 참조) 원통으로 만들어 3호 바늘로 2코 고무뜨기를 10단 하고, 2코 고무뜨기 코막음으로 마무리합니다.
스틱을 처리합니다(p.40 참조). 몸판 시작코의 별 사슬을 풀어서 원통으로 코를 줍습니다. 2코 고무뜨기로 22단 뜹니다. 2코 고무뜨기 코막음으로 마무리합니다.

포인트 시작코와 옷단에서 주운 콧수가 같으므로 옷단(2코 고무뜨기)에서 뜨기 시작해도 좋습니다.

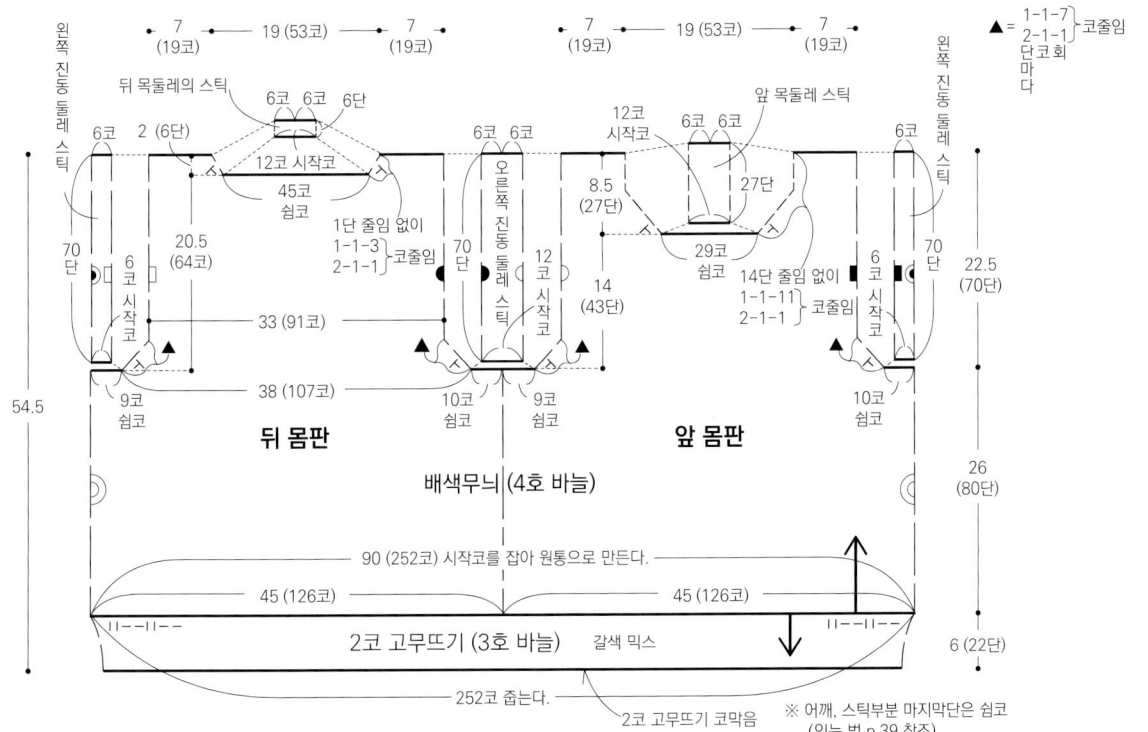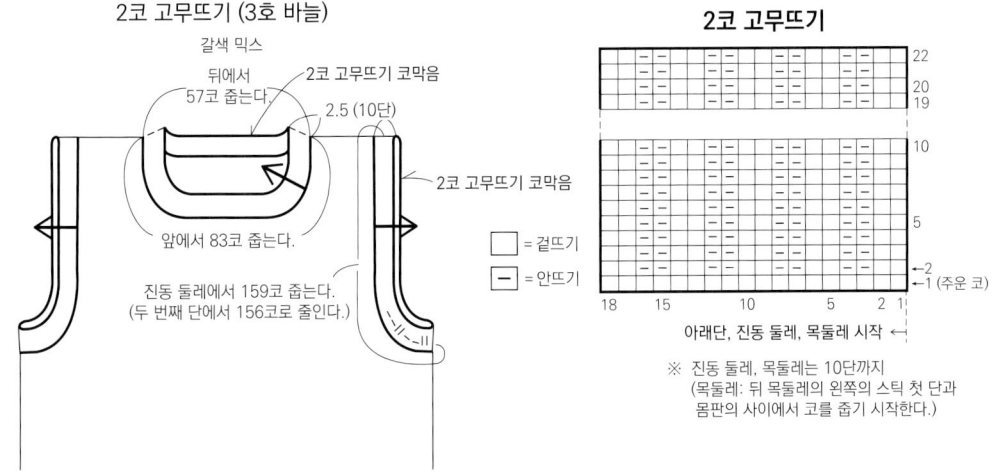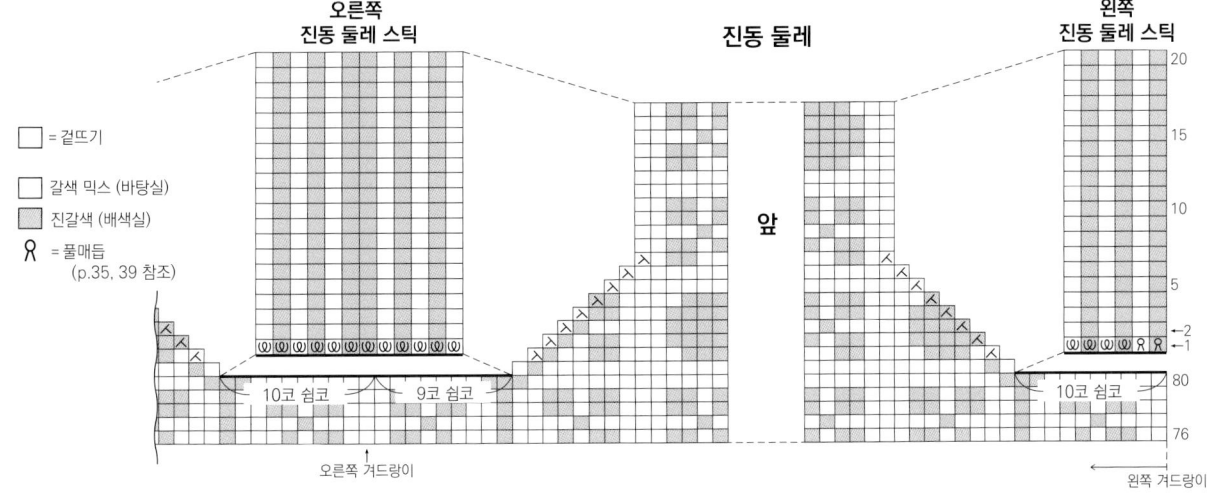

배색무늬

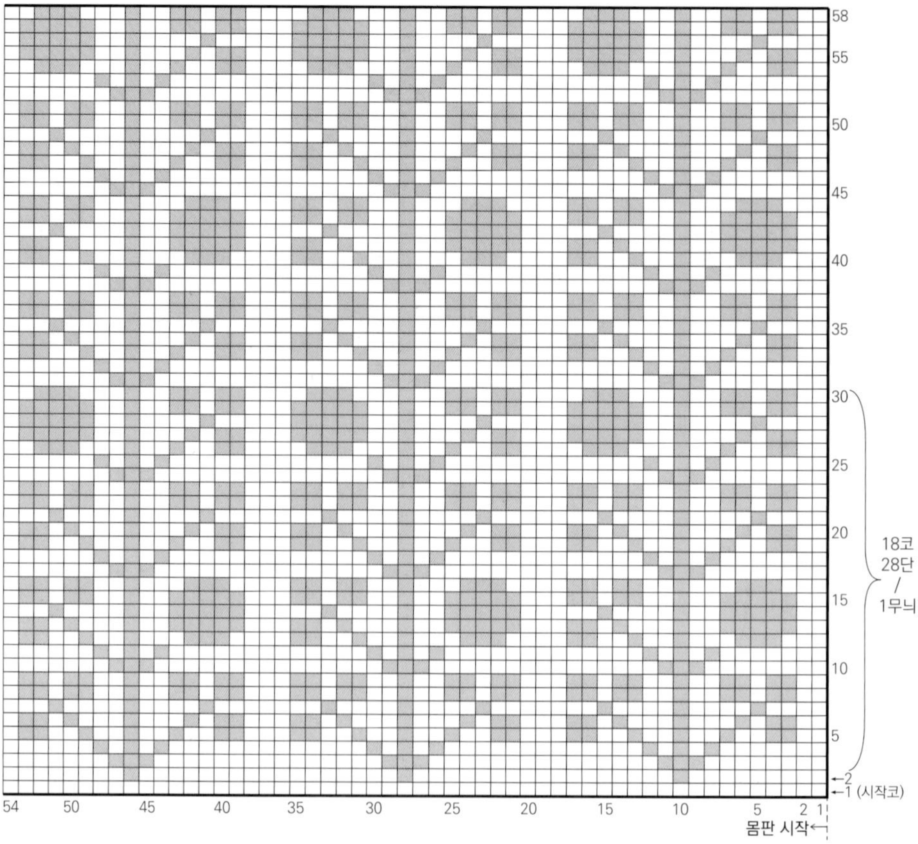

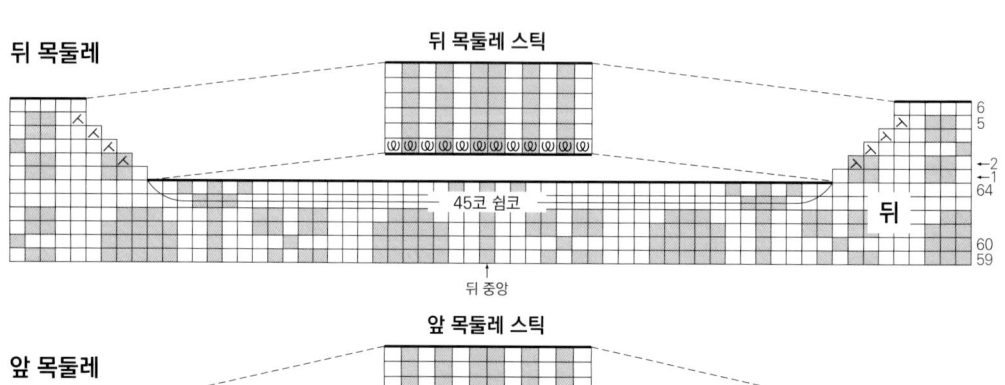

□ = 겉뜨기
□ 갈색 믹스 (바탕실)
▨ 진갈색 (배색실)

18코 28단 1무늬

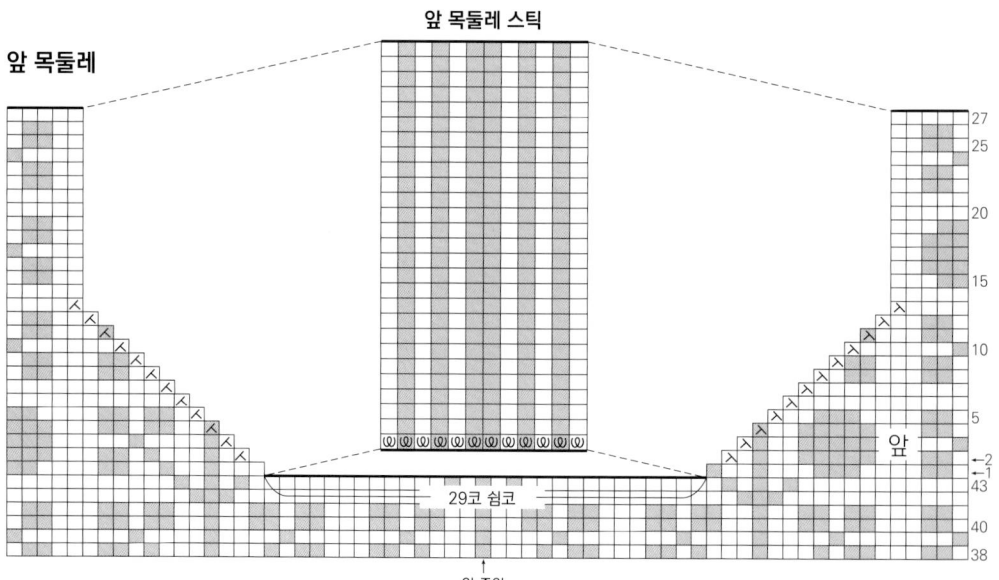

뒤 목둘레 / 뒤 목둘레 스틱 / 45코 쉼코 / 뒤 중앙 / 뒤

앞 목둘레 / 앞 목둘레 스틱 / 29코 쉼코 / 앞 중앙 / 앞

p.32 줄무늬 머플러

사진 왼쪽부터 **A, B, C**

재료 [다루마] 슈퍼워시 메리노.
A 레드(6), B 인디고블루(5),
C 미색(1) 각 33g,
LOOP. A 레드(2), B 다크네이비(3),
C미색(1) 각 73g

도구 12호(5.7mm) 막대바늘 4개

게이지
· 메리야스뜨기(슈퍼워시 메리노 2가닥)
  15코 15단 / 10cm×8cm
· 안메리야스뜨기(LOOP)
  13코 16단 / 10cm×10cm
· 무늬뜨기(LOOP 1가닥, 슈퍼워시 메리노 2가닥)
  13코 17단 / 10cm×10cm

완성 치수 폭 15cm, 길이 144.5cm

뜨는 법 실은 슈퍼워시 메리노(이하 메리노)는 2가닥, LOOP는 1가닥으로 지정된 배색으로 뜹니다.
손가락으로 걸어 만드는 시작코를 20코 만듭니다. 뒤집어서 두 번째 단을 뜹니다. 이 쪽 면이 겉이 됩니다.
계속해서 메리야스뜨기로 15단까지 뜹니다. 도안과 p.40을 참조하여 실을 바꿔가며 무늬뜨기 A를 56단 뜹니다. LOOP로 첫 번째 단은 메리야스뜨기로 뜨고 계속해서 안메리야스뜨기로 99단 뜹니다. 도안을 참조하여 실을 바꿔가며 무늬뜨기 A'를 56단 뜹니다. 메리노로 메리야스뜨기를 15단 뜨고, 마지막에는 안면에서 겉뜨기를 하며 덮어씌우기 코막음합니다.

포인트 LOOP와 같은 팬시 얀의 마무리는 실끝의 고리를 당겨서 실 자체를 곧게 만드는 것이 손쉽습니다.

□ = 겉뜨기
− = 안뜨기
□ 슈퍼워시 메리노(2가닥)
▨ LOOP(1가닥)

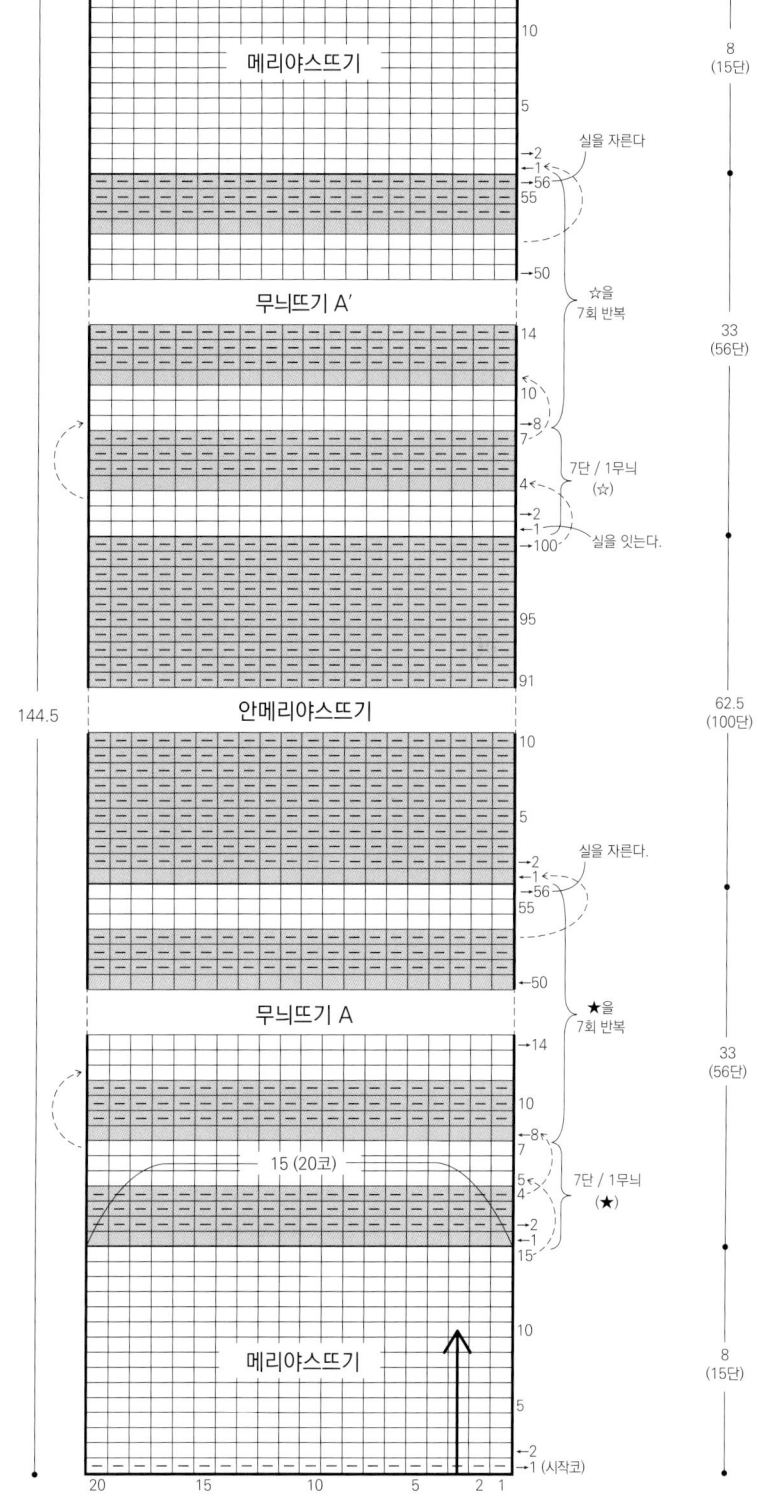

기본 기법

시작코

[손가락으로 걸어 만드는 시작코]

1

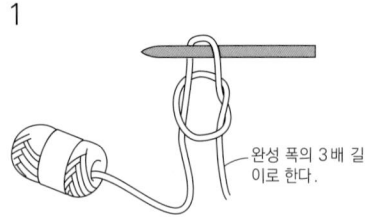

첫 번째 코를 손가락으로 만들어 바늘에 옮기고, 실을 당긴다.

2

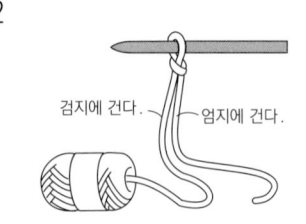

첫 번째 코 완성.

3

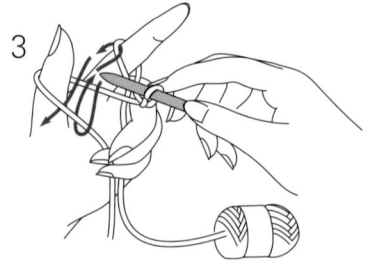

화살표와 같이 바늘을 넣어서 실을 걸어 당긴다.

4

엄지손가락의 실을 일단 빼낸 후 화살표와 같이 고쳐 넣고 코를 당겨 조인다.

5

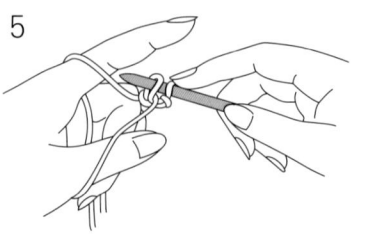

두 번째 코 완성. 3~5를 반복하며 필요한만큼 코를 만든다.

6

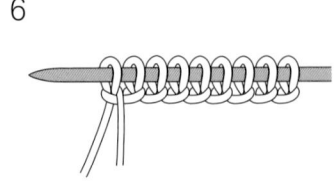

첫 단 완성. 이 막대바늘을 왼손에 고쳐 잡고 두 번째 단을 뜬다.

[별 사슬에서 줍는 시작코]

1

뜨는 실에 가까운 굵기의 면실로 사슬뜨기(p.73)를 한다.

2

느슨한 코로 필요 콧수보다 2~3코 많이 뜬다.

3

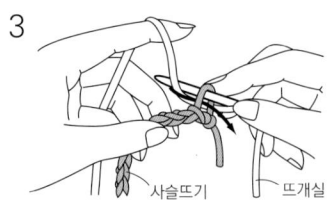

사슬코산에 바늘을 넣고 뜨개실로 뜬다.

4

필요한 수만큼 코를 주워 간다. 이것을 1단으로 센다.

뜨개 기호와 뜨는 법

| 겉뜨기(겉코)

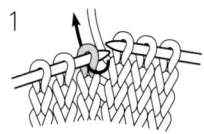
1
실을 뒤쪽에 두고 오른쪽 바늘을 왼쪽 바늘의 코에 앞쪽에서 뒤쪽으로 넣는다.

2
오른쪽 바늘에 실을 걸고 화살표와 같이 끌어 당긴다.

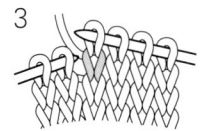
3
실을 끌어당기며 왼쪽 바늘에서 코를 뺀다.

○ 바늘비우기(걸기코)

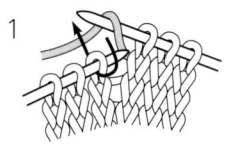
1
실을 뒤쪽에 두고 1코를 오른쪽 바늘로 옮긴다.

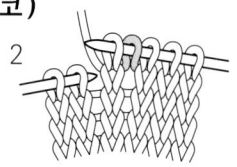
2
다음 코를 뜬다.

— 안뜨기(안코)

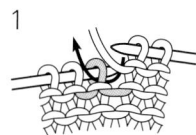
1
실을 앞쪽에 두고 오른쪽 바늘을 왼쪽 바늘의 코에 뒤쪽에서 안쪽으로 넣는다.

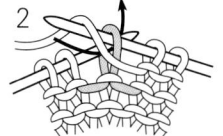
2
오른쪽 바늘에 실을 걸고 화살표와 같이 끌어 당긴다.

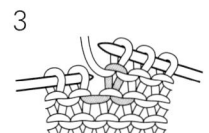
3
실을 끌어당기며 오른쪽 바늘에서 코를 뺀다.

ৎ (ৎ) 돌려뜨기(오른쪽 위 돌림코)

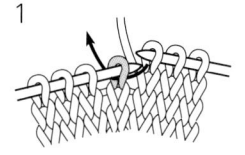
1
오른쪽 바늘을 뒤쪽에 넣는다.

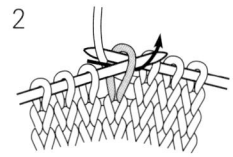
2
실을 걸어서 뜬다.

⋌ 왼코 겹쳐 2코 모아뜨기

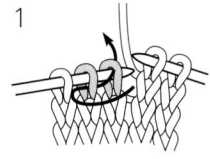
1
한꺼번에 2코에 앞쪽에서 바늘을 넣는다.

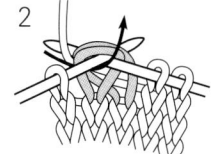
2
실을 걸어서 뜬다.

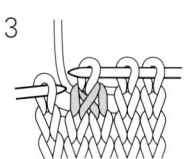
3
1코 줄었다.

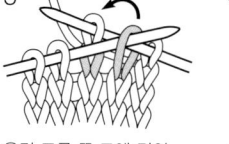
3

4

⋋ 오른코 겹쳐 2코 모아뜨기

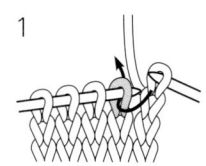
1
앞쪽에서 바늘을 넣어 오른쪽 바늘로 1코를 옮긴다.

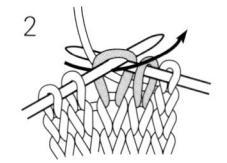
2
다음 코를 뜬다.

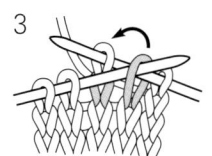
3
옮긴 코를 뜬 코에 덮어 씌운다.

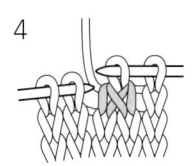
4
1코 줄었다.

ৎ 돌려뜨기 (왼쪽 위 돌림코)

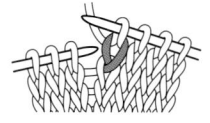

오른쪽 바늘을 앞쪽에서 넣어 뜨지 않고 옮기면 코의 방향이 바뀌어 옮겨진다. 이 코를 왼쪽 바늘에 되돌려 겉뜨기 한다.

⋋ 왼코 겹쳐 2코 모아뜨기(안뜨기)

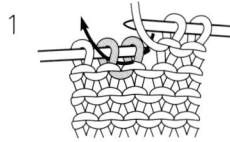
1
한꺼번에 2코에 뒤쪽에서 오른쪽 바늘을 넣는다.

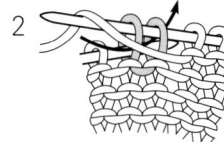
2
실을 걸어서 안뜨기를 뜬다.

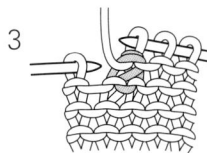
3
1코 줄었다.

ৎ 돌려뜨기(안뜨기)

바늘을 뒤쪽에서 넣고 안뜨기 한다.

⋋ 오른코 겹쳐 2코 모아뜨기(안뜨기)

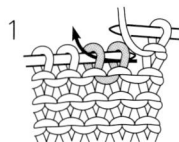
1
한꺼번에 2코에 뒤쪽에서 오른쪽 바늘을 넣는다.

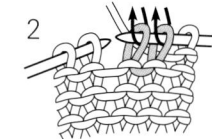
2
왼쪽 바늘을 화살표와 같이 넣어서 코를 옮긴다.

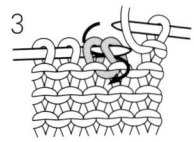
3
실을 걸어서 안뜨기를 뜬다.

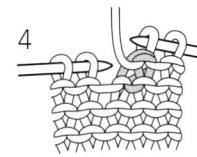
4
1코 줄었다.

ㅅ 중심 3코 모아뜨기

1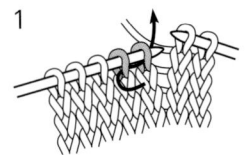
2코에 한꺼번에 앞쪽에서 오른쪽 바늘을 넣어 뜨지 않고 그대로 오른쪽 바늘에 옮긴다.

2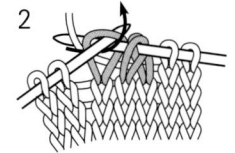
다음 코를 뜬다.

3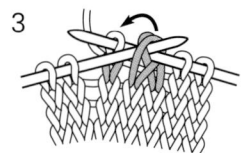
옮겨 둔 2코를 뜬 코에 덮어 씌운다.

4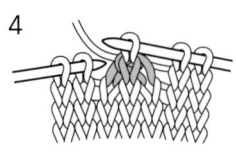
2코 줄었다.

ㅅ 오른코 겹쳐 3코 모아뜨기

1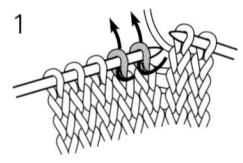
2코를 오른쪽 바늘에 뜨지 않고 옮긴다.

2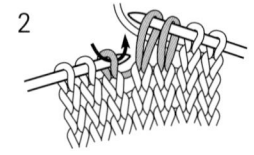
다음 코를 뜬다.

3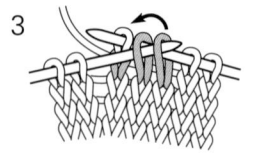
옮겨 둔 2코를 뜬 코에 덮어 씌운다.

4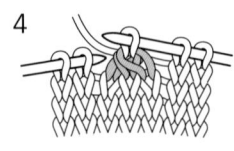
2코 줄었다.

ㅅ 왼코 겹쳐 3코 모아뜨기

1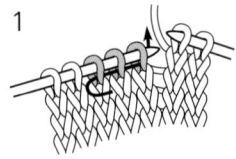
3코에 한꺼번에 앞쪽에서 바늘을 넣는다.

2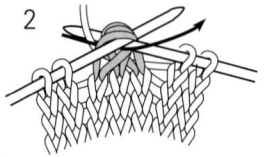
3코를 한 번에 뜬다.

3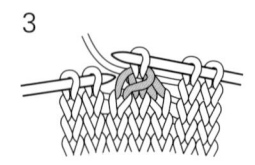
2코 줄었다.

Y 왼코 늘리기 ※안코도 같은 요령으로 뜬다

1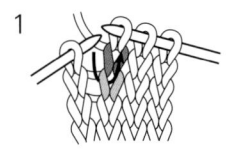
왼쪽 바늘로 2단 아래의 코를 걸어 올린다.

2
겉뜨기 한다.

3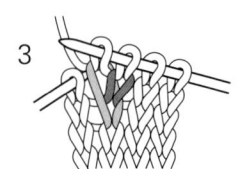
코의 왼쪽에 1코 늘었다.

Y 오른코 늘리기 ※안코도 같은 요령으로 뜬다

1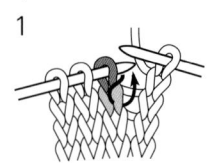
오른쪽 바늘로 1단 아래의 코를 걸어 올린다.

2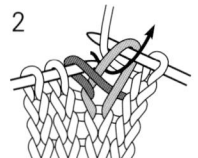
겉뜨기를 한다.

3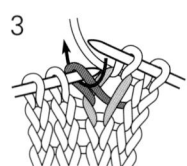
왼쪽 바늘의 코를 겉뜨기한다.

4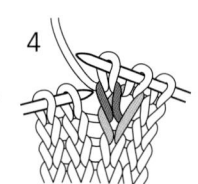
코의 오른쪽에 1코 늘었다.

V 걸러뜨기

1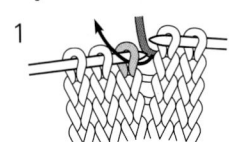
실을 뒤쪽에 두고 1코를 뜨지 않고 오른쪽 바늘로 옮긴다.

2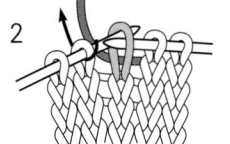
다음 코를 뜬다.

3

ω 감아코

1
바늘에 실을 감아서 콧수를 늘린다.

2
3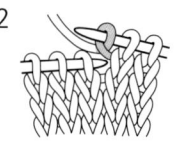

∨3 겉뜨기로 3코늘리기

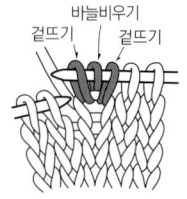
겉뜨기 / 바늘비우기 / 겉뜨기

한 코에서 겉뜨기, 바늘비우기, 겉뜨기 한다.

╳ 오른코 교차뜨기

1
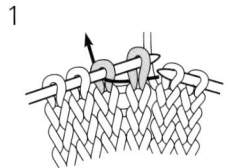
뒤쪽을 통해 1코를 건너뛰고 다음 코에 바늘을 넣는다.

2

실을 걸어서 뜬다.

3
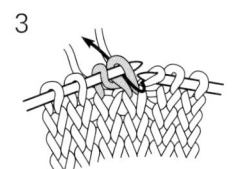
건너뛰었던 코를 뜬다.

4
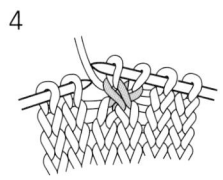

╳ 왼코 교차뜨기 ※ 안면에서 뜨는 경우에는 2,3은 안뜨기로 뜬다.

1
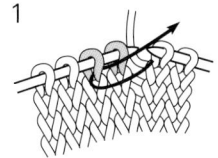
1코 건너뛰고 그 다음 코에 앞쪽으로 바늘을 넣는다.

2
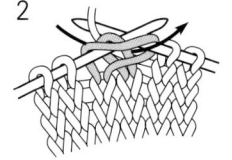
실을 걸어서 뜬다.

3
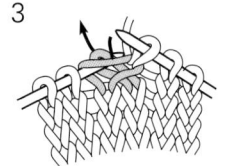
건너뛴 코를 뜬다.

4
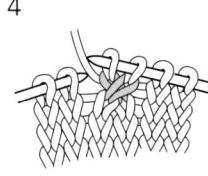

╳ 오른코 위 2코 교차뜨기

1
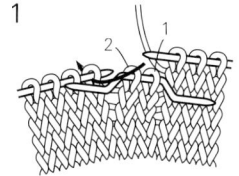
1,2 번째 코를 꽈배기바늘에 옮겨서 앞쪽에 둔다.

2
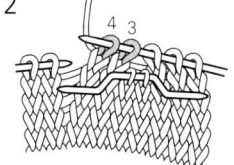
3,4 번째 코를 뜬다.

3
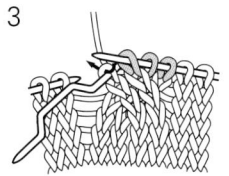
꽈배기바늘에 옮겨 둔 1,2 의 코를 뜬다.

4
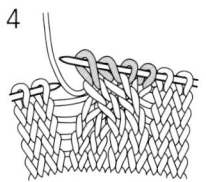

╳ 왼코 위 2코 교차뜨기

1
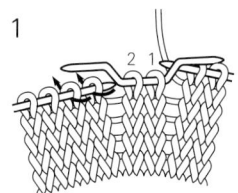
1, 2의 코를 꽈배기바늘에 옮긴다.

2
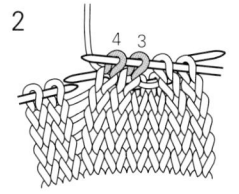
꽈배기바늘을 뒤쪽에 두고 3, 4 의 코를 뜬다.

3
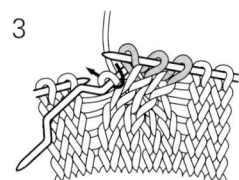
꽈배기바늘에 있는 1, 2코를 뜬다.

4
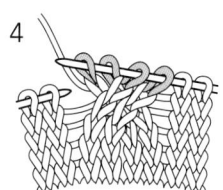

[싱커루프에서 돌려뜨기로 코를 늘리는 방법]

1

2
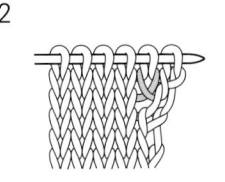
코와 코 사이에 1 코가 늘었다.

왼쪽 바늘로 화살표와 같이 싱커 루프를 주워 올려 돌려뜨기 한다.

[배색무늬의 실을 바꾸는 법]

1
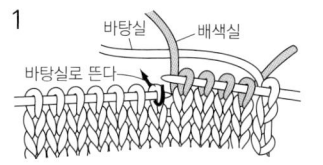
배색실을 위로 올리고 바탕실을 뜬다.

2
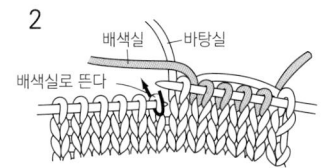
배색실을 바탕실의 위에 올려서 바꾼다.

코막음

[덮어씌우기]

● 겉코

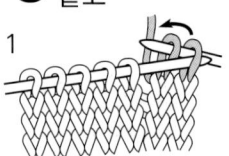 1
2코를 겉뜨기하고 오른쪽 코를 왼쪽의 코에 덮어 씌운다.

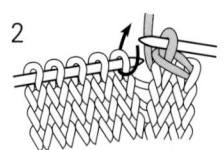 2
다음 코를 겉뜨기하고 오른쪽 코를 왼쪽 코에 덮어 씌운다.

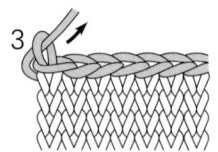 3
마지막 코에 실을 통과시켜 코를 당겨 조인다.

● 안코

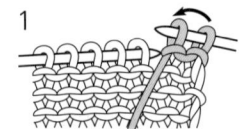 1
2코를 안뜨기하고 오른쪽의 코를 왼쪽의 코에 덮어 씌운다.

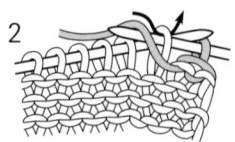 2
다음의 코를 안뜨기하고, 오른쪽의 코를 왼쪽의 코에 덮어 씌운다. 마지막은 겉뜨기의 3과 같은 방법으로 끝 코에 실을 통과시켜 당겨 조인다.

[1코 고무뜨기 코막음(원통뜨기)]

 1
1의 코를 건너뛰고 2의 코에 앞쪽에서 바늘을 넣어 통과시킨다. 1의 코로 돌아와 앞쪽에서 바늘을 넣고 3의 코로 뺀다.

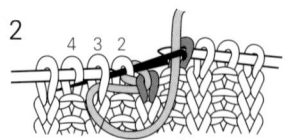 2
2의 코로 돌아와 뒤쪽에서부터 바늘을 넣고 4의 코의 바깥쪽으로 뺀다. 그 다음부터는 겉코는 겉코끼리, 안코는 안코끼리 바늘을 넣어 간다.

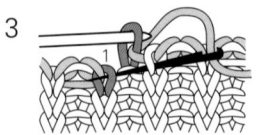 3
끝부분의 겉코에 뒤쪽에서 바늘을 넣고 1의 코로 뺀다.

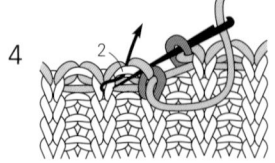 4
한 바퀴 돈 마지막 겉코에 뒤쪽에서 바늘을 넣고, 그림과 같이 고무뜨기 마무리를 한 실 밑으로 넣는다. 다시 화살표와 같이 2의 겉코로 뺀다.

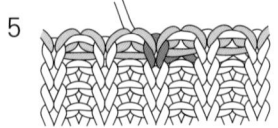 5
마무리한 모습

[2코 고무뜨기 코막음(원통뜨기)]

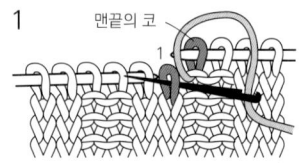 1
1의 코에 뒤쪽에서 바늘을 넣는다.

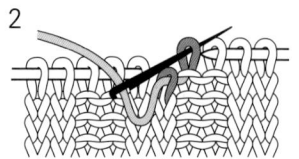 2
전 단 끝부분의 코에 앞쪽에서 바늘을 넣는다.

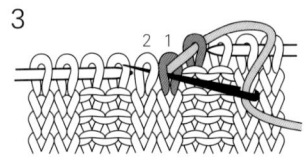 3
1,2의 코에 그림과 같이 바늘을 넣어서 빼낸다.

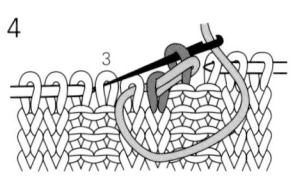 4
전 단 마지막 안코의 뒤쪽에서 바늘을 넣고 1,2의 2코를 건너뛰어 3의 코에 앞쪽에서 바늘을 넣는다.

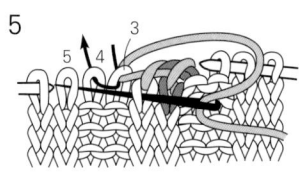 5
2의 코로 돌아와 3, 4의 2코를 건너뛰고 5의 코에 바늘을 넣는다. 다음에 3,4코에 바늘을 넣는다. 3~5를 반복한다.

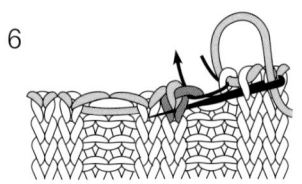 6
전 단 마지막 겉코와 시작 부분의 겉코에 바늘을 넣고 마지막은 겉코 2코에 화살표와 같이 바늘을 넣어 빼낸다.

[1코 고무뜨기 코막음(평면뜨기)]

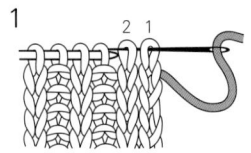 1
1의 코에는 앞쪽에서, 2의 코에는 뒤쪽에서 바늘을 넣는다.

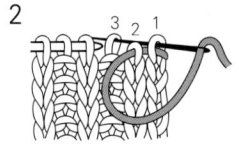 2
2의 코를 건너뛰어 1과 3의 코에 앞쪽에서 바늘을 넣는다.

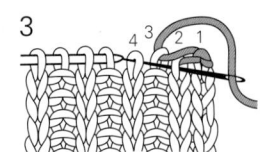 3
3의 코를 건너뛰어 2와 4의 코(겉코)에 바늘을 넣는다.

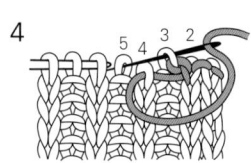 4
4의 코를 건너뛰어 3과 5의 코(안코)에 바늘을 넣는다. 3, 4를 반복한다.

| 잇기, 꿰매기 |

[메리야스잇기]

1
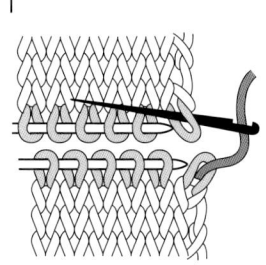
아래 단 코의 실을 위의 코에 바늘을 넣는다.

2
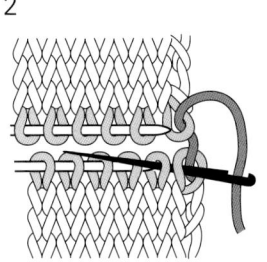
아래의 코에 돌아와서 그림과 같이 바늘을 넣는다.

3
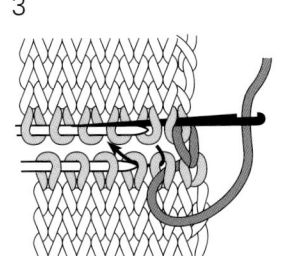
그림과 같이 위의 코와 다음의 코에 바늘을 넣고 다시 화살표와 같이 계속한다.

4
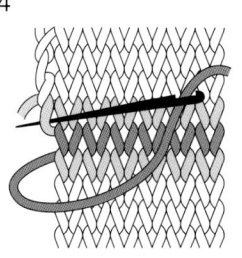
2,3을 반복하며 마지막 코에 바늘을 넣고 뺀다.

[빼뜨기로 잇기]

1
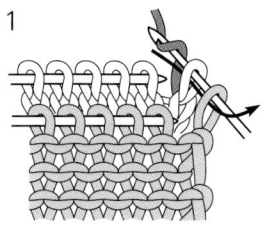
2장의 뜨개바탕을 겉면끼리 마주보게 겹치고 끝의 코 2코를 빼뜨기한다.

2
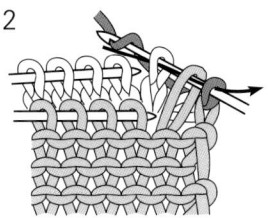
빼뜨기한 코와 다음의 코 2코를 빼뜨기한다.

3
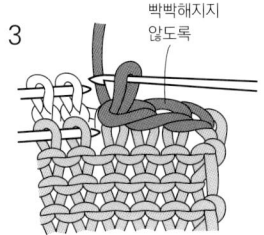
빡빡해지지 않도록

2를 반복한다.

[단과 코 잇기]

1
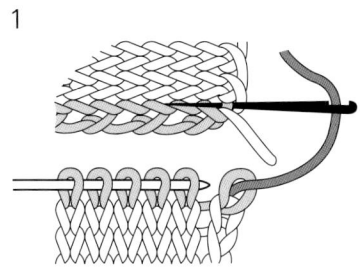
위 단의 맨 끝 코와 다음코의 사이에 바늘을 넣고 실을 통과시킨다.

2
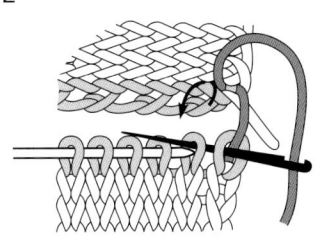
아래 단은 메리야스잇기의 요령으로 바늘을 넣어 간다.

3
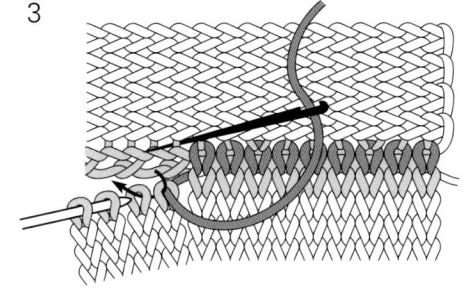
뜨개바탕은 보통 단수가 콧수보다 많으므로 그 차의 평균치로 배분하여 1코에 2단을 주워 간다.

[빼뜨기로 꿰매기]

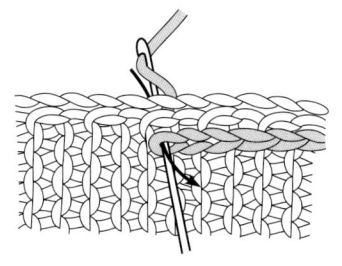
뜨개바탕의 겉면끼리 마주대고 코 사이에 바늘을 넣는다. 바늘에 실을 걸어서 빼뜨기한다.

[떠서 꿰매기]

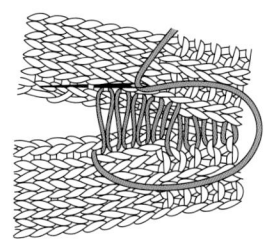
양 코 사이의 싱커루프를 1단씩 교차로 줍는다.

뜨고 싶은 실, 소재감을 즐기는 니트
실과 뜨개

초판 1쇄 펴낸날 2022년 12월 1일
초판 3쇄 펴낸날 2024년 9월 1일

지은이 나스 사나에
옮긴이 제리

펴낸이 고은애
펴낸곳 북스앤디지털
출판신고 제 25100-2018-000023 호
전화 02-6448-6322
e-mail book@booksndigital.co.kr
INSTAGRAM @acompleteday_pub

한국어판 출판권 ⓒ 북스앤디지털 2022
오롯한날은 북스앤디지털의 출판 브랜드입니다.

JAPAN STAFF
북디자인 하다 이즈미
촬영 니이 아키코
프로세스, 만드는 법 촬영 야스다 죠스이 (문화출판국)
스타일링 도도로키 세츠코
헤어&메이크업 오기모토 나오유키
모델 나카지마 세나
제작, 프로세스 촬영 협력 모로호시 유키코
만드는 법 해설, 도안 다나카 리카
DTP 오퍼레이션 문화포타이프
교열 무카이 마사코
편집 오사나이 마키, 오사와 요코 (문화출판국)
발행인 하마다 가츠히로

ISBN 979-11-972302-5-7 13590

※ 이 책에서 소개한 작품의 전부 또는 일부를 상품화, 복제 배포하거나 콩쿠르 등의 응모작으로 출품할 수 없습니다.
※ 잘못 만들어진 책은 서점에서 교환하여 드립니다.

ITO TO AMIMONO by Sanae Nasu
Copyright © 2019 Sanae Nasu
All rights reserved.

Original Japanese edition published by EDUCATIONAL FOUNDATION BUNKA GAKUEN BUNKA PUBLISHING BUREAU.
This Korean edition is published by arrangement with
EDUCATIONAL FOUNDATION BUNKA GAKUEN BUNKA PUBLISHING BUREAU, Tokyo in care of Tuttle-Mori Agency, Inc., Tokyo, through Amo Agency, Korea.

이 책의 한국어판 저작권은 AMO 에이전시를 통해 저작권자와 독점 계약한 북스앤디지털에 있습니다.
저작권법에 의해 한국 내에서 보호를 받는 저작물이므로 무단 전재와 무단 복제를 금합니다.